KB040115

_____ 님께 드립니다.

다시
시작하기
두려운
당신에게

다시 시작하기 두려운 당신에게

왜, 다시 시작하려고 하는가

초판 1쇄 발행 2019년 12월 27일

지은이 김여나
발행인 송현옥
편집인 옥기종
펴낸곳 도서출판 더블:엔
출판등록 2011년 3월 16일 제2011-000014호

주소 서울시 강서구 마곡서1로 132, 301-901
전화 070_4306_9802
팩스 0505_137_7474
이메일 double_en@naver.com

ISBN 978-89-98294-72-4 (03320) 종이책
ISBN 978-89-98294-73-1 (05320) 전자책

다시
시작하기
두려운
당신에게 ——— 왜, 다시 시작하려고 하는가

김여나 지음

더블:엔

왜 나는 시작하는 것이 어려울까

"무엇을 어떻게 시작해야 할지 모르겠어요."
내가 커리어 코칭을 하며 가장 많이 들었던 말이다.

사실 나도 그랬다. '일'을 다시 시작하려 할 때 뭘 어떻게 해야
할지 막연했지만, 언젠가 일을 할 수 있을 거라 생각했다.
왜? 나는 12년의 회사 경력이 있었고, 나름 대학원 나온 여자니
까!
하지만 그 이유 때문에 '다시' 일하는 게 힘들었다. 12년의 경력
때문에 어디 새롭게 취업하기 힘들었고, 신입으로 들어가기는
더더욱 어려웠다. 그리고 대학원 나온 여자이기 때문에 전에
받았던 그 월급을 주면서 부려먹기는 힘든 여자가 되었다.

나는 5년이라는 경력단절을 겪었고, 아이 엄마가 되었다. 내 인생에 있어서는 마이너스가 아닌 그 부분이 재취업에 있어서는 마이너스 요소로 작용했다.

그럼, 어쩔 수 없이 뭔가 다른 것을 생각해내야 한다. 내가 원해서가 아니라, 그 길로 갈 수밖에 없다. 선택의 여지가 없다. 무엇을, 어떻게, 시작해야 하는 것일까? 다시 처음으로 돌아가서 20대 시절에 했던 고민을 다시 해야 했다.
'좋아하는' 일과 '잘하는' 일 중에 어떤 일을 해야 하나?

생각해보니 나는 운이 좋게도 두 가지 일을 다 해본 사람이었다. 나는 일본어라는 특기가 있었다. 일본 유학 경험도 있었고, 일본어는 자신이 있었다. 그래서 20대에는 일본어를 특기로 해서 입사를 했다. 그렇게 사회생활을 4년 동안 하고, 나 자신을 업그레이드하기 위해 대학원에 들어갔다. 대학원 생활을 하면서 내가 하고 싶었던 일, 그때는 해외무역일이 왜 그렇게 멋있어 보였는지…, 비행기를 타고 왔다갔다 하는 멋있는 모습만을 상상하며 그 일을 하고 싶다고 생각했다. 결국 대학원을 졸업하고 나는 내가 좋아하는 '해외업무' 일을 해봤다. 상상했던 것처럼 멋있는 일은 아니었지만, 그래도 좋아하는 일이었기 때문에 8년 동안 그 일을 꾸준하게 했다.

그런데 아이를 낳고 어쩔 수 없이 경력단절이 되면서 나는 방황을 하기 시작했다. 한 번도 나의 이런 모습을 생각해본 적이 없었다. 나는 당연하게 일하는 엄마가 되어 있을 줄 알았다. 정반대의 모습으로 살아가고 있는 나에게 적응하는 건 쉽지 않았다. 금방 끝날 것 같았던 시간들이 방황에 방황을 걸쳐 장장 5년이나 이어졌다. 그 시간을 보낸 후에 나는 다시 내 일을 찾게 되었다.

알고 보니 나는 운이 좋은 사람이었다. 나에게는 길게만 느껴졌던 5년이라는 방황의 시간이 실은 남들에 비하면 길지 않았던 것이다.
그래서 내가 그 길을 어떻게 찾게 되었는가를 복기해보았다. 지금 가는 길이 완성된 길은 아니지만, 그래도 나는 앞으로 계속 가고 싶은 길을 찾았다. 40대에 다시 찾게 된 나의 길은 '삶의 가치'를 생각해보면서 연결이 되었다.

경력단절이라는 시간을 직접 겪은 후, 경력단절 여성들이 눈에 들어오기 시작했다. 그들을 위한 일을 하고 싶었고, 결국에는 커리어 코치가 되어서 코칭과 강의를 하게 되었다. 여성들을 위한 책도 출간할 수 있었다.

이 책은 '시작이 두려운 당신에게'라는 주제로 EBS 〈생각하는 콘서트〉에 나가게 되었을 때, 15분 동안 짧게 강연을 준비하면서 생각하게 된 것이다.

실제로 강의를 하고 코칭을 하면서 가장 많이 들었던 말이 '무엇을 어떻게 시작해야 할지 몰라서 두렵고 어렵다'는 내용이었다. '50플러스'에서 강의를 하면서 다시 제2의 인생을 시작하려는 분들께도 같은 질문을 받았다.

그 부분에 대해 구체적으로 생각하면서 나 자신을 되돌아보았다. '나만 했던 고민이 아니었구나, 그럼 내가 했었던 고민들을 풀어보면서 어떻게 하면 그분들께 시간단축을 할 수 있도록 도움이 될까'도 생각해보았다. 분명 나와는 다르겠지만 내가 해봤던 방법, 내가 생각했었던 질문들의 답을 찾아가다 보면 아마 나보다 빠르게 자신만의 길을 찾게 될지도 모르겠다는 희망을 가지고 이 책을 구상하게 되었다.

\#

가장 먼저, "왜, 나는 다시 시작해야 하는가?" 라는 질문에 답을 꼭 해보시길 바란다. 가장 기초적인 질문이면서 내가 다시 시작해야 하는 이유를 알려주는 질문이기도 하다.

why가 없으면 답이 없다. "그냥!"이라고 단순하게만 생각하지 않았으면 좋겠다. 그냥이라고 하기에는 내 인생이 너무나도 소중하다. why는 내게 버틸 힘을 준다. 왜 하는지 그 이유를 알면 쉽게 포기하지 못한다.

\#

두 번째, 내가 시작하지 못하는 이유를 솔직하게 한번 적어보자. 그리고 그 이유를 놓고 뒤집어서 생각해보자. "진짜 그 이유 때문에 하지 못하는 거야?" 라는 질문을 스스로 해보길 바란다. 많은 사람들이 돈이 없어서, 시간이 부족해서, 나이가 많아서, 아이 때문에, 여자라서, 못한다는 이유를 스스로 만든다. 하지만 그 이유를 적어놓고 뒤집어 생각하다 보면 그 이유 때문에 할 수 있게 된다. 돈이 없어서 아이디로 승부하고 싶어지고, 시간이 없으니 우선순위를 정해가며 시간을 쪼개게 되고, 나이가 많다 보니 2,30대의 철없던 행동들을 안 하게 되고 인간관계도 예전처럼 불편하지는 않은 것 같다. 여자라는 이유로 남성들보다 할 수 있는 일들이 더 많고, 아이가 있기 때문에 더 열심히 살고 싶어진다.

이렇게 내가 못한다는 이유가 할 수 있는 이유로 바뀔 수도 있으니 진짜 이유를 찾아보는 것이 중요하다.

\#

세 번째, 그럼 '시작하기 위해서 어떻게 해야 하나?' 라는 방법론에 들어가기에 앞서서 어떤 식으로 생각하고, 어떤 마음가짐으로 도전해보면 좋을지에 대한 이야기를 다루었다.

이 이야기가 여러분들에게 동기부여가 되었으면 좋겠다. 지금까지 내가 했던 많은 삽질들이 결국에는 길을 찾게 도와주었고, 실패들을 통해서 성장하게 되었다는 것을, 지나고 보니 알게 되었다.

하지만 그때는 마음이 아파서 너무 힘들어서 그것들이 잘 보이지 않았다. 그럼에도 불구하고, 시작을 해야 사건은 일어나게 되고, 그 사건들이 모여 역사가 만들어진다.

#

네 번째로, 당신의 시작을 돕는 구체적인 행동에 대해서 이야기를 했다. 실제로 내가 하고 있는 방법들이고, 3년간 '내 인생에 다시없을 1년 살기'라는 모임을 통해서 만나본 사람들이 변화와 성장을 위해서 하고 있는 방법들이기도 하다.
"나도 알고 있어!" 하지 말고, 그 중에서 몇 가지라도 꼭 실천해보길 바란다. 분명 당신의 시작에 도움이 될 것이다.

#

다음으로, 나는 당신이 얼마나 대단하고 가치 있는 사람인지 스스로 알았으면 좋겠다. 우리는 천편일률적으로 똑같이 만들어진 상품이 아니다. 이 세상에 하나밖에 없는 아주 귀한 작품과 같은 사람들이다. 작품이 명품이 되는 방법은 세상이 우리를 아무리 흔들어도 우리는 나무처럼 가지 뻗고 이파리 틔우는 일을 멈추지 않고 나아가는 것이다. 그러기 위해서 진짜 이것만은 하지 말자, 하는 것들을 다루어보았다.

새로운 길에 다시 들어선 당신을 무조건 응원한다. 제2의 전성기는 특정 인물에게만 쓰는 말이 아니다. 우리와 같은 일반인들도 제2의 전성기를 만들어갈 수 있다. 다시 시작하는 것에 두려움을 갖기보다 설렘을 갖고 한 발 내딛기를 바란다.
시작은 당신의 두려움을 설렘으로 바꿔 놓을 것이고, 당신은 당신이 원하는 삶 바라는 삶으로 인도될 것이며, 시간이 흐른 뒤에는 "내가 그때 그걸 하길 잘했어!"로 바뀌어 있을 것이다.
멋진 당신의 삶을 응원하며!!!

— 오늘도 도전하고 있는 작가 **김여나**

CONTENTS

3장_도전

그럼에도 불구하고, 시작하기

4장_ 행동

시작하는 당신을 위한 구체적인 방법

5장_ 다짐

진짜 이것만은 하지 말자!

1. 나의 이야기

다시
시작했습니다

☆ 계속 이렇게
살고 싶지는 않아

원했든 원하지 않았든 나는 경력단절이 되었다.

누구의 탓도 아니었다. 그럴 수밖에 없는 상황이었다. 그동안 열심히 살았으니 그것에 대한 보상이라며 나름 즐겼다. 그게 솔직한 마음이었다. 그런데 노는 것에도 한계가 있었다. 놀아본 사람만이 놀 수도 있는 것이다. 나는 스무 살부터 경제활동을 했다. 쉼 없이 아르바이트를 하며 내 생활은 스스로 책임졌다. 대학을 다니고 대학원에 다닐 때도 일을 했고, 해외에 나갔을 때도 열심히 일을 했다. 생각해보니 고등학교 졸업 후, 나는 처음으로 일을 하지 않고 쉬고 있었다.

일하는 게 무작정 좋았던 것만은 아니다. 일 자체보다도 일이 주는 보람과 경제적 힘이 중요했다. 내 이름으로 불리는 게 좋고, 정해진 날 정해진 돈이 들어오는 게 좋았다. 그것으로 구체적인 계획을 세우는 게 좋았고, 내가 버는 돈이니 눈치 보지 않고 원하는 대로 사용할 수 있어서 좋았다.

일 때문에 스트레스를 많이 받기는 했지만 일 덕분에 인정받는 것이 좋았다. 무언가 해냈다는 기쁨, 완성해 간다는 기쁨이 결국에는 일하는 기쁨이 되어주었다.

'왜, 나는 다시 일하려고 하지?'

나에게 질문을 던져보았다. 시작을 하긴 해야 하는데 도대체 무엇을 어떻게 시작해야 할지 답을 알 수 없었다. 근본적인 것부터 생각해보기로 했다.

왜 나는 다시 시작하려고 하는가…. 다이어리에 이 질문 하나를 던져 놓고 한참을 바라보았다. 답을 쓰려고 하는데 '돈 벌고 싶어서'라는 솔직한 대답 외에는 다른 멋진 대답이 나오지 않았다. 지금 내가 돈을 벌지 못해서 당장 큰일이 나는 건 아니다. 먹고 살기에 넉넉하지는 않지만 그냥저냥 살 수 있다. 하지만 그냥저냥 살고 싶지 않았다.

두 번째 이유로, 나에게 딸이 생겼다. 그 딸 덕분에 삶에 욕심이 생겼다. 딸은 내가 엄마니까 다른 이유 없이 엄마라는 이유만으로 나를 좋아해주고 사랑해줄 것이다. 하지만 나는 같은 여성으로서 인정받고 싶다는 욕심이 들었다. 돈을 많이 벌어야하고, 성공해야만 인정받는 건 아니라는 것도 안다. 그런데 일로서도 인정받고 싶은 욕심이 자꾸만 커지고 있었다.

변화를 원하는 사람들의 마음속에는 '나는 계속 이렇게 살고싶지 않다' 라는 욕구가 있다. 왜 이런 마음이 생기는 것일까? 현실부정자는 아니지만 지금의 내 모습이 마음에 들지 않는 것뿐이다. 노력하면 지금보다 나아지고 더 나은 삶이 있지 않을까, 하는 마음이 있을 뿐이다.

"남편이 벌어다준 돈으로 아껴가며 잘 살면 되지 왜 고생을 사서 하니?" 라고 말하는 지인도 있다. "편하게 살 수 있는데 너는 네가 가진 것에 대해 만족하지 못하는 사람"이라는 말도 들었다. 물론 그 말도 틀린 건 아니다. 나는 남편이 벌어다주는 것만 바라보고 사는 여자도 되지 못할 뿐더러, 늘 "이 정도면 됐어!" 하며 만족하는 사람도 아니다.

누군가에게는 욕심 많은 사람처럼 보일지 모르겠지만, 나는 그냥 내 삶에 욕심을 내는 것뿐이다. 지금보다 더 나아질 수도 있을 텐데, 주어진 상황에 만족하기보다는 내 한계가 어디까지인지 확인하고 싶고, 이왕이면 잘 돼서 다른 사람도 도와주면서 살아가고 싶다. 내 마음까지 넉넉해지면서 돕고 싶은 것이다.

누군가를 도우려고 할 때 선뜻 돕지 못하는 것도 싫고, 돈을 낼 때 머릿속으로 계산기를 놓고 사는 것도 싫다. 사람을 대할 때도 이왕이면 내가 넉넉해서 '손해 좀 봐도 괜찮아' 라고 생각했으면 좋겠고, 어떤 일을 계획할 때 "돈이 없어서 못해" 라는 말도 하기 싫다. 경제적 상황만을 말하는 건 아니다. 일이란 단순히 돈을 버는 행위만은 아니기 때문이다. 일을 통해서 나 자신을 찾을 수 있다.

앞으로는 우리가 일을 해야 하는 시간이 훨씬 더 길어졌다. 평균 수명이 길어지면서 100세 시대가 아닌 120세 시대를 바라봐야 할지도 모른다. 내 아이는 140세까지 살 수도 있다고 하니, 이전처럼 60세가 되면 모든 일에서 은퇴해야 하는 것이 아니라 60세 때에 남은 60년을 위해서 일을 해야 한다는 것이다.

일본에서 '경영의 신'이라고 불리는 이나모리 가즈오의 《왜 일하는가》라는 책을 보면 "일이란 나 자신을 완성해갈 수 있는 가장 강력한 수련의 도구"라고 했다. 그 일을 통해서 반복적으로 한 단계, 더 높은 단계로 나를 수련해 나아가야 한다는 것이다. 일이 돈 버는 수단이라는 것은 아마도 나에게 서너 번째 이유쯤 될 것이다. 나는 이나모리 가즈오처럼 일을 통해서 나 자신을 완성해 나가고 싶은 꿈이 있다.

일하는 것은 인간에게 더 중후하고 숭고하고 큰 가치와 의미를 지닌 행위입니다. 노동은 욕망을 극복하고 마음을 닦고 인간성을 만들어가는 효과가 있습니다. 단순히 사는 양식을 얻을 목적뿐만 아니라 그런 부차적인 기능이 있습니다. 그러므로 일상 업무를 심혈을 기울여 열심히 해나가는 것이 가장 중요하고, 그것이야말로 영혼을 닦고 마음을 높이기 위한 귀한 '수행'이 될 것입니다.

_ 이나모리 가즈오, 《마음에 사심은 없다》

그는 말한다. 일하는 방식이 삶의 방식이라고. 그만큼 일은 삶과 많은 부분이 연결될 수밖에 없다. 그래서 나는 내 삶을 사랑하는 사람으로서 내 일을 하고 싶은 것이고, 그것이 어떤 일이 되면 좋을지 계속 고민을 하고 있는 것이다.

왠지 40대 때에 찾는 일은 그 전과 달라야 한다는 생각이 들었다. 운 좋게도, 하고 싶은 일과 잘하는 일을 해봤으니 40대에는 다른 곳에 초점을 맞춰보고 싶다는 생각이 들었다. 그러면 나는 도대체 어떤 일을 어떻게 찾아야 하는가…. 계속 끝없는 질문 속에서 나는 아무 일도 시작조차 할 수 없었다.

말 그대로 시작이 두려웠던 것이다. 오히려 쉽게 생각하면 바로 뭔가를 선택할 수 있을 것 같은데, 너무 많은 고민이 오히려 나의 행동을 굼뜨게 만들었다. 5년이라는 시간이 흘렀고, 육아라는 좋은 핑계거리로 나 자신을 그냥 놔두고 말았다.

그래서 나는 내가 이렇게 보낸 5년을 다른 사람들은 5개월로 줄일 수 있도록 이 책을 통해 정리해보려 한다.

☆ 꼭 일이 꿈이 되어야만 할 필요는 없다

내가 시작이 두려웠던 것은 꼭 '일'이 내 꿈 중에 하나여야만 한다는 생각 때문이었던 것 같다.

내가 꿈꾸던 것을 일로 한다면 얼마나 행복할까? 아마 많은 사람들이 그런 생각을 할 것이다. 정말 그것만큼 행복한 사람은 없을 것이다. 하지만 뭔가 일을 다시 시작하려고 할 때, 그 꿈조차 뭔지를 모르겠다고 하는 사람들이 많다. 나도 그랬다.

내가 뭘 좋아하는지도 모르는 상태인데 어떻게 꿈을 꿀 수 있다는 말인가!! 정신적으로 건강하지 못할 때는 이런 내가 바보같이 느껴지기도 했다.

'왜 나는 꿈이 없는 것일까?' '아이 하나 낳았다고 바보가 돼버린 것일까?' 끝없이 자존감이 바닥으로 내려갔을 때 그런 생각이 들었다. 우리는 자랄 때부터 원대한 꿈을 꾸라고 배웠다. 꿈은 커야 하고, 꿈은 멋져야 한다. 남들에게 이야기했을 때 "우와~ 멋진 꿈인데!" 라는 소리를 들어야 꿈이라고 생각했다.

하지만 그런 꿈은 정말 꿈에 불과하다. 그건 꿈이라고 불리는 상상력에 불과하다. 구체적인 목표가 없고 책임을 수반하지 않는 꿈은 상상 속에서나 존재하는 것이다. 그렇다면 야망이라도 가져야 하는 건가? 왠지 야망이라고 하면 이기주의적인 느낌이 든다. 그렇게 큰 꿈도 없이 이러고 사는 내가 초라하게 느껴질 뿐이다.

지금 생각해보니 꿈이 없어도 괜찮았다. 뭔가 거창한 사람이 되려고 하지 않아도 좋았다. 건강한 내가 지난 날의 나를 되돌아보니, 꼭 꿈이 있어야만 일을 찾을 수 있는 건 아니었다.
중요한 건 나 자신을 다독거리는 일이었다. 내가 나한테 괜찮다고 말해주는 게 필요했다. 아무도 나에게 대놓고 뭐라고 하지 않았지만, 내 안의 자아가 나에게 자꾸 뭐라고 하고 있었다. 나를 가장 힘들게 하는 건 다른 사람들의 시선이나 말보다도 나 자신의 말이었다. 내가 나를 힘들게 하고 있었다.

빨리 뭔가를 해야 하는데, 하며 자신을 재촉하고 있었고, 뭔가 그럴싸한 일을 시작해야 하는데, 하며 스스로에게 스트레스를 주고 있었다. 나는 점점 더 괜찮지가 않았다. 늘 불안했고, 마음속에는 세상 불만이 가득 차 있었다. 이 사회가 문제고, 남편이 문제고, 아이 때문에 나는 아무것도 할 수 없는 사람이 스스로 되었다.

사람들은 자기 자신에게 인색할 때가 많다. 다른 사람들이 힘들어하면 "괜찮아, 그럴 수도 있지" 하며 한없는 이해심을 보이다가도 자기 자신에게는 전혀 다른 잣대를 들이대며 엄격하게 군다. 나부터 나를 사랑해야 남들도 나를 사랑해준다. 그 말에는 분명 이유가 있고, 그리고 그 말은 사실이었다.

내 인생에 가장 중요한 37가지 질문

그럼에도 불구하고 나는 하고 싶었다. 안 되는 이유는 너무나 많지만 다시 하고 싶었다. 나를 움직이게 하는 것 중에 '하고 싶다' 는 마음만큼 강한 동기부여는 없는 것 같다.

전업주부로 지낸 지 3년차쯤, 마음의 병이 심하게 왔다. 의욕 상실과 자존감 바닥. 하는 일마다 되는 게 없었고, 뭔가 해보려고 하니 둘째가 생겼다. 그래, 마음을 비우고 둘째 태교에 힘써보자, 할 겨를도 없이 유산이 되었다. 몸과 마음이 피폐해져 갈 때쯤 나는 다시 일어날 이유를 찾아야만 했다.

그러다 성경공부를 시작했다. 처음에는 대학과 대학원 때 배운 언어를 까먹지 않기 위해서 언어공부도 할 겸 쓰기를 시작했다. 영어 일본어 중국어 한국어로 '매일 조금씩 쓰다 보면 잊지 않겠지' 라는 단순한 마음이었다. 필사하는 것에 성경만큼 두껍고 좋은 책은 없는 것 같다. 거의 1년을 꾸준하게 몇 구절씩 매일 쓰면서 그 내용이 궁금해졌고, 더 자세히 알고 싶다는 생각에 성경공부를 시작하게 되었다.

나에게 성경을 가르쳐주시는 장로님이 인생에서 가장 중요한 질문 3가지를 해주셨다.
1. 당신은 누구입니까?
2. 당신은 무엇을 위해 살 것입니까?
3. 당신은 어디로 갈 것입니까?

처음 이 3가지 질문을 들었을 때, 아무 대답도 하지 못했다. 너무나도 막연하게 생각했었던 것이라 어떻게 대답을 해야 할지 몰랐다.
"당신은 누구입니까?" 는 존재의 목적을 생각하게 해준다. 나는 왜 존재하는가?에 대한 답을 찾는 것이다.
"당신은 무엇을 위해 살 것입니까?" 라는 질문은 내 삶의 목적을 묻는 질문이다. 나는 무엇을 위해 살아야 하나? 어떤 것에

삶의 가치를 두어야 하는지 묻는 질문에 단순히 "아이?" 라고
하기에는 아닌 것 같다는 생각이 들었다.

"당신은 어디로 갈 것입니까?" 라는 질문은 '나는 어디를 향해
서 나아가야 하는 것인지' 내가 가야 하는 방향을 찾아보게 해
준다. 내가 가야 하는 방향을 알아야 우왕좌왕하지 않고 그 길
을 향해 나아갈 수 있는 것이다.

정말로 나는 아무런 생각 없이 살았구나… 하는 생각이 저절로
드는 질문이었다. "생각 없이 살면 사는 대로 생각하게 된다"는
말이 있는데 그때 나의 삶이 딱 그랬다. 내가 왜 존재하는지 알
고 나의 목표가 무엇인지 정한 다음 그 방향으로 나아가면 되
는데, 그 질문 자체를 받아보지 못했으니, 지금까지 나는 괜한
곳에서 고민하며 삽질을 하고 있었다.

그때부터 나는 그 3가지 질문에 답을 찾기 시작했다. 단번에
짠! 하고 찾을 수 없는 답이지만, 그래도 뭔가 정의라도 내려야
다음 단계로 나아갈 수 있을 것 같았다.

이 3가지 질문은 "내 인생의 why란 무엇인가?" 라는 질문으로
바꿔 말해도 좋다. 니체가 말했다. 왜 사는지 그 이유를 아는

사람은 어떤 고난도 이겨낼 수 있다고. 우리는 그 이유를 찾기 위해 답을 찾아야만 한다. 나는 정말로 진지하게 그 답에 대해서 생각했고, 나름 결론을 내렸다. 인생에 정답이 없듯이, 나의 답도 정답은 아니다. 우리 모두 다른 인생을 살기에 모두 다 다른 답을 가지고 있다. 그래도 내가 찾은 나의 답을 보면서 참고를 했으면 좋겠다. (참고로 나는 기독교인이다. 나의 답이 다른 종교를 가진 분들은 불편할지도 모르겠지만 이것은 지극히 개인적인 인생의 답이기 때문에 참고용으로 봐주셨으면 좋겠다)

당신은 누구입니까? - 존재의 목적

나는 하나님이 만드신 피조물이다. 우리가 무언가를 만들 때 목적을 가지고 만든다. 볼펜은 무언가를 쓰기 위해서 만들어졌고, 컵은 물을 담기 위해 만들어진 것처럼 우리 개인 한 사람 한 사람도 분명 하나님께서 목적을 가지고 만드셨다고 생각한다. 분명 이 세상에 도움이 되기 위해서 나를 만드셨고, 나는 그 일을 하기 위해 태어났다. 그래서 나는 나의 사명을 따라 빛과 소금과 같은 역할을 하며 살아야 한다.

당신은 무엇을 위해 살 것입니까? - 삶의 목적

내가 가장 사랑하는 딸을 임신했을 때, 다운증후군 확률이 높다는 이야기를 들었다. 임신 기간 동안 아이는 늘 내게 좋은 소식보다는 안 좋은 소식을 많이 듣게 했다. 그때 나는 울면서 좌절하는 것 말고는 할 수 있는 게 없었다. 도저히 내 힘으로는 감당하지 못할 일들이었다. 그냥 습관처럼 다녔던 교회에 가서 처음으로 눈물로 호소하며 어머니의 마음으로 기도했다. 지푸라기라도 잡고 싶은 심정으로 하나님께 기도를 했다.

'이 아이만 건강하게 태어난다면 내 남은 삶은 다른 사람들을 위해서 살겠습니다.'

하나님은 나와의 약속을 들어주셨고 이제는 내가 그 약속을 지킬 차례라고 생각한다. 내 남은 삶은 그 약속을 위해 살 것이다.

당신은 어디로 갈 것입니까? - 영원한 소망

크리스천은 '죽으면 천국에 간다'는 믿음이 있다. 영생이라는 것을 믿기 때문에 함부로 살 수 없다. 나중에 죽고 나서 하나님을 만나게 될 때 조금이나마 덜 부끄럽게 살아야 한다고 늘 생각한다. '죽으면 끝이야' 라고 생각하는 순간 내 마음대로 살게 되고, 인생을 함부로 하게 된다. 그래서 잘 살아야 한다. 제대로 살아야 한다. 나쁜 짓 하지 말아야 하고, 거짓되게 살지 말아야 하고, 알려주신 계명대로 살아야 한다고 생각한다.

이렇게 위의 3가지 질문에 답을 찾고 나니 뭔가가 서서히 드러나는 것 같았다. 나는 어떻게 살아야 하며 왜 사는지, 그리고 무엇을 해야 하는지가 보이는 질문과 답이다.
이제 나는 조금 더 구체적으로 '어떻게' 라는 방법들을 찾으면 되었다.

☆ 목적이 이끄는 삶

목적과 목표를 헷갈려하는 사람들이 의외로 많다. 헷갈릴 때는 한자를 생각해보면 정확하게 알 수 있다. 목적(目的)은 눈 목(目)에 과녁 적(的)을 쓴다. 직역을 하면 과녁을 향해 보는 것이다. 내가 가야 할 길을 정확히 눈으로 보는 것이다. 목표(目標)는 눈 목(目)에 표할 표(標)를 써서 목적을 이루기 위하여 실제적으로 대상으로 삼는 것이다.

예를 들어 내가 가야 할 곳이 부산이라면 부산은 나의 목적이 되고, 부산으로 가기 위해 기차를 탈 것인가 비행기를 탈 것인가가 목표가 되는 것이다. 목표는 목적을 표현하기 위한 수단이라고 생각하면 좋다. 목적이 목표를 이끌어야 한다. 부산이라는 목적을 정해놓고 거기까지 가기 위한 수단을 정해야 하는 것이다. 하지만 많은 사람들이 자신의 인생길에서는 목표를 먼저 생각하는 경우가 있다. 그것이 잘못되었다는 것이다.

가장 흔한 예로 초중고등학교 때 우리는 대학을 가기 위해 국영수 과학 등을 공부한다. 그리고 그 점수에 맞는 대학을 선택하고, 내가 원하는 회사가 아닌 회사가 원하는 나로 맞춤성장하게 되는 것이다. 그것이 잘못되었다는 말이다. 요즘 젊은 퇴사자들이 많은 이유가 바로 목표가 목적을 이끌었기 때문에 생기는 현상이다. 원래는 반대로 하는 것이 맞다.

제대로 된 방법은 어떤 삶을 살 것인지에 대한 비전을 세우는 것이다. 그리고 그 비전에 맞는 대학을 찾고 그 대학이 원하는 과목의 공부를 해서 입시를 준비해야 하는 것인데, 많은 학생들이 목표가 이끄는 삶을 살고 있기 때문에 힘든 것이다. 나 또한 그렇게 배웠고, 그렇게 선택을 했다. 그렇기 때문에 매번 고민을 한다. 지금 내가 하는 일이 맞는 것인가, 혹시 더 좋은 일은 없는 것인가, 회사를 다니면서도 고민하고 회사를 그만둬도 고민하게 되는 것이다.

내 인생에 비전이 없으면 나는 이 고민을 죽을 때까지 하게 될 것이다. 얼마나 끔찍한 일인가!!!

다시 시작할 때는 그래서 제대로 찾기 위해 나의 비전을 설정하는 것이 좋다. 나의 비전은 앞에서 말한 두 번째 질문 "당신은 무엇을 위해 살 것입니까?" (삶의 목적)를 생각해보면 된다. 나의 목적은 '나의 남은 인생은 다른 사람들을 위해서 살겠다!'였다. 그렇다면 나는 어떻게 다른 사람들을 위해서 살 수 있겠는가!!에 대한 답을 찾으면 되는 것이다.

사이먼 사이넥의《나는 왜 이 일을 하는가?》라는 책을 보면 골든서클이 나온다. why → what → how to의 방향으로 생각하라는 것이다. 나의 why를 찾았기 때문에 이제는 what에 대한 답을 찾으면 된다. 나는 이것을 책을 보면서 찾을 수 있었다. 메리 케이 애시의 책《열정은 기적을 낳는다》뒤표지에 보면 이런 말이 있다.

  하나님께서 여성을 특별한 존재로 만들었음을 깨닫

고 지금까지 안락한 생활과 타성에서 과감히 벗어나 하나님이 주신 재능과 능력을 활용하려는 모든 여성들에게 이 책을 바칩니다.

이 한 문장이 나를 이끌었다. 왠지 내 이야기 같았다. 경력단절이 되면서 내 눈에는 나와 같은 여성들이 눈에 들어오기 시작했다. 좋은 대학을 나왔고, 좋은 직장을 다녔었다. 아이를 낳고 육아를 한다는 이유로 많은 것을 포기하게 된 여성들. 이제는 가정이라는 그 울타리 안에서 벗어나는 것을 두려워하고, 할 수 없다고 말하는 여성들이 너무나도 안타까워 보였다. 그러다 자녀들이 커가면서 빈둥지 증후군에 빠지고, 내 삶은 무엇인가! 허탈해하는 모습도 그렇고, 그동안 믿어왔던 것들에 대한 배반(자가주택, 연금, 잘 키운 자녀, 저축)이 시작되면서 노인 빈곤화로 이어지는 사회현상은 더 이상 남의 일이 아니었다.

여성들이 현명해야 하고 깨어 있어야 한다는 생각이 점점 강해졌다. 이들을 위한 일을 하고 싶다는 생각이 들었다. 이것이 나의 what이다. 그래서 '내 인생에 다시없을 1년 살기' 라는 모임을 만들게 되었고, 그 모임은 내가 성장하면서 우리 모두가 함께 성장할 수 있는 발판이 되어주었다.

나는 매년 한 가지씩 목표를 세워서 그 목표를 향해 나아갔다. 처음 1년은 '일 찾기'가 목표였다. 성경공부를 하면서 3가지 질문에 대한 답을 찾기 시작했고, 결국에는 답을 쓰게 되었다.
일을 찾았으니 두 번째 1년은 일을 벌이는 것이 목표였다. 무슨 일을 어떻게 벌여야 할지는 몰랐다. 하지만 목적이 있으니 흔들리지는 않았다. 그 목적을 위해서 여러 목표들을 세웠고, 그 목표들을 하나씩 이루어갔다.

부산에 가기 위해 꼭 비행기를 타야만 하는 것은 아니다. 자차를 이용할 수도 있고 기차를 이용할 수도 있는 것처럼 경력단절 여성들을 위한 일을 하기 위해서 꼭 교육을 해야만 하는 건 아니었다. 나는 내가 가고 싶은 길을 좀 더 잘 알기 위해서 50플러스에서 주최하는 50플러스 당사자 연구에 참여하여 경력단절 여성들에 대한 논문을 썼다. 그리고 교육 콘텐츠를 만들어 여러 곳에 지원해서 강의도 했다. 여성벤처에서 도전하면서 교육사업쪽으로 연결이 되었고, 책을 쓰면서 방송출연도 하고 강연도 한다. 방송에 관심이 생겨서 라디오 방송도 하게 되었고 매주 칼럼도 쓰고 있다.

목적을 정하고 나니 그 목적을 향해 가는 여러 가지 길이 보였다. 꼭 하나의 길로 가는 것이 아니라 여러 길을 가더라도 같은 목적으로 향해 가는 것이다. 지치고 힘들다고 느껴지기 보다 일이 너무나도 재미있었다. 내가 생각했던 방향으로 가지 않더라도 전처럼 좌절하지 않았다. 생각지도 못한 길들이 또 열리고 있었기 때문이다. 솔직히 설렌다는 표현이 맞았다.

일이 너무나도 재미있다. 뭔가 한 개씩 만들어가는 것이 신나고, 그 일이 이루어진다는 사실에 또한 놀란다. 급여 받을 때보다 더 재미있게 일하고 있는 게 요즘이다. 아직 그 길을 가는 과정이기 때문에 성공이라고는 말하지 못하겠다. 하지만 나는 이제야 나의 목적을 찾았기 때문에 그 방향을 향해 나아가는 것을 즐기면서 하고 있다. 그러니까 이제 꿈이 하나씩 생기기 시작한다.

처음에 무슨 꿈을 어떻게 꾸어야 할지도 몰랐던 내가 이제는 꿈부자가 되었다. 하고 싶은 일이 점점 많이 생겨난다.

나는 지금의 20대들보다 더 많은 꿈을 꾸고 있는 것 같다. 그래서 매일매일이 행복하고, 아침에 눈을 뜨는 것이 얼마나 감사한지 모른다.

☆ 내가 생각하는 성공

나는 '내 인생에 다시없을 1년 살기'라는 모임을 3년차 운영하고 있다. 그리고 이번에 모임 사람들과 함께 의기투합해서 책도 한 권 썼다. 자신만의 이야기로 내 인생에 다시없을 1년 살기를 만들어가는 것이다. 이 책을 쓰는 과정에서 나는 행복함을 느꼈고, '내 인생은 그래도 성공한 거야' 라는 생각을 하게 되었다. 사이먼 사이넥의 저서 《나는 왜 이 일을 하는가?》에서 나는 내가 해야 할 일을 발견했다.

대단히 성공적인 사람들의 공통점은 '다른 사람들을 자극한다'라는 것이다. 영감을 주고 꿈을 꾸게 하고, 그 꿈을 향해 달려 나가게 만든다. '자신만의 성공'이 아니라 '여럿의 성공'을 만들어낸다는 것이 '비범한 성공을 하는 사람들'의 공통점이다.

이 모임을 운영하면서 나는 나만의 성공이 아닌 여럿의 성공, 함께하는 성공을 만들어내는 것이 우리가 모인 이유가 되고, 그것이 앞으로 내가 할 일이라는 것을 알게 되었다. 그래서 나는 '앞으로 사람들에게 영감을 불러 넣어 신나게 일할 수 있도록 돕는 일'을 나의 사명으로 생각하게 되었다.

8명이 함께 책을 쓴다는 것은 쉬운 일이 아니다. 모두가 용기를 내고 의기투합이 되어야만 가능한 일이다. 초고를 마치고 수정 작업에 들어가는데 한 분이 새벽에 메일을 보내주셨다. 원래 오후 9시까지 메일을 보내기로 했지만, 자신이 생각하는 것처럼 글이 나오지 않으니 고민이 많았던 것이다. 그녀는 새벽 5시쯤 내게 메일을 보내며 이렇게 글을 남겼다.

지금 이 시간까지 글을 쓰게 되어 이제야 보냅니다. 젖은 머리로 뛰어가는 중인데 힘들기는커녕 너무나도 행복하네요~.

나는 그녀가 남긴 글을 보면서 더 많은 행복을 느꼈다. 우리가 이렇게 책을 쓰게 될지 아무도 몰랐다. 처음에는 다들 내가 어떻게 해요, 라며 뒤로 빼던 그녀들이 블로그에 글을 쓰며 글쓰기 연습을 하기 시작했고, 자신들의 인생을 되돌아보며 책을 쓰기 시작했다. 그리고 책을 출판하고 북콘서트도 했다. 누군가 시켜서 하는 일도 아닌데 그 일을 더 잘 만들어보려고 여러 아이디어를 냈다. 작게 시작하려고 했던 일들이 또 다른 일들로 연결이 되고 지금은 프로젝트 식으로 여러 가지 일들을 만들어나가며 또다시 서로를 응원하고 있다.

스스로 주변 사람들에게 출간에 대한 홍보도 하고 추천서도 받아와서 보니 정말로 8명의 파워는 대단했다. 책은 우리가 생각했던 그 이상으로 멋지게 만들어졌다. 그리고 그 과정 속에서 자기 자신을 찾고, 또 자신의 일을 찾는 사람들이 하나씩 생기기 시작했다. 하고 싶은 일이 생긴 사람도 있고, 또 하고 싶었던 일을 시작하게 된 멤버도 있다. 아직은 많은 보수를 받으면서 하는 게 아니라 재능기부처럼 일을 하는 분들도 있지만, 나는 그녀들의 작은 움직임이 나중에 어떻게 크게 쓰임 받게 될지 무척 궁금하다.

그리고 이렇게 자신의 인생을 만들어가는 그녀들이 너무나도 자랑스럽고 내 자식처럼 뿌듯하기만 하다. 우리는 정말로 평범한 아줌마들이다. 결혼 전에는 각자의 일을 멋있게 했던 커리어우먼이었지만 결혼하면서, 아이를 낳으면서, 자신을 잃어가던 중이었다. 그러던 찰나, '1년 살기' 라는 모임을 함께하게 되면서 자신의 인생을 되돌아보게 되고, 자신의 인생을 만들어가게 된 것이다.

난 아직 대단히 성공한 사람은 아니다. 하지만 사이먼 사이넥이 말했던 것처럼 그들의 공통점에 합류하고 있다. 모임을 통해서 '다른 사람들을 자극한다'는 것이다. 영감을 주고 꿈을 꾸게 하고 그 꿈을 향해 달려 나가고 있다. '나만의 성공'이 아니라 '우리가 함께하는 성공'을 만들고 있는 것이다. 그가 말하는 비범한 성공을 하는 사람들의 공통점을 닮아가고 있다는 것만으로도 참 감사하고 행복하다.

초긍정적으로 말한다면 나는 이미 성공의 길로 들어서고 있는 것이다. 내가 정의한 성공이라는 그 틀 안으로 들어왔다. 그리고 이제는 그 길을 따라 꾸준히 가기만 하면 된다. 내 삶의 목적을 '가치'에 두었더니 가능한 일이었다. 만약 돈이라든지 어떤 물질에 목적을 두었다면 그 목적을 이루고 나면 참으로 허무했을 뻔했다. 하지만 많은 자기계발서에서 말하듯이 이번에는 가치에 목적을 두었더니 그 기쁨이 배로 증가하는 것 같다.

장로님은 성공에 대해 "나의 일생 동안 내가 울어줄 수 있는 사람이 몇 명이나 되는가? 나를 위해 울어줄 사람이 몇 명이나 되는가?" 로 정의하셨다. 나를 위해 울어줄 수 있는 사람이라면 내가 그 사람의 필요를 채워줄 수 있는 역할을 했다는 뜻이다. 그리고 내가 울어줄 사람이 있다는 것은 내가 그만큼 그 사람을 아끼고 사랑한다는 것이다. 사람이 살면서 자신만을 위해서 삶을 산 것이 아니라, 누군가를 섬기면서 살 수 있다는 것이 얼마나 행복한 일인가를 말씀해주셨다.

결국에는 사람이다. 인생에 있어서도 경영에 있어서도 남기는 것은 돈이 아니라 사람을 남겨야 한다. 내가 모임을 통해서 경험해 본 바, 내가 다른 사람의 삶에 도움이 되었다는 사실 하나만으로도 내가 얼마나 행복한지 알게 되었다. 내가 빛날 때보다 다른 사람을 빛나게 할 때 얼마나 설레면서 일을 하게 되는지 그것은 경험해본 사람만이 알 수 있다.

내가 책을 쓰자고 제안한 것도, 북콘서트를 해보자고 한 것도 나를 위해서 한 일이 아니었다. 나와 함께했던 그녀들을 위해서 하게 된 것인데, 결국에는 이 일이 나 자신에게도 많은 도움이 되었고, 진행하는 과정 속에서 내가 가장 많은 성장을 한 것 같다.

☆ 지금
행복합니까?

많은 사람들이 행복하게 살기를 원한다. 그 행복이 무언지도 모르는 채 행복을 찾고 싶어 한다. 내가 찾는 행복이 무언지 알게 된다면 그리 멀지 않은 곳에 행복이 있다는 것도 알게 될 것이다.

어렵게 취직을 하지만 이직도 많이 하는 요즘이다. 옛날처럼 처음 직장을 끝까지 다니는 경우는 정말 보기 드물다. 오히려 이직을 많이 하면서 자신의 급여를 올리는 것을 당연하게 생각하는 사람들이 많다.
힘들게 들어간 직장을 그만두는 이유는 무엇일까? 가장 많은 이유가 사람들과의 관계 때문이라고 한다. 어떤 한 사람 때문에 너무나 힘들어서 일을 그만두었다고 하는데, 정말 그 이유가 맞는지 다시 한 번 되묻고 싶다.

물론 그 이유가 가장 클 수도 있다. 하지만 그 이유 뒤에 감춰진 진짜 이유가 있다. 내가 지금 하고 있는 일이 내게 맞는지, 이 일을 계속 하고 나면 나는 어떻게 되는지, 내가 원하는 삶은 어떤 것인지, 이런 생각들이 정리가 되지 않다 보니, 사람들과의 작은 마찰 속에서도 그 고통이 크게 느껴지는 것이다. 만약 내게 비전이 있다면, 이 일을 통해서 내가 배워야 할 것이 있고 해야 될 사명이 있다면, 어떻게든 관계를 잘 풀어보려고 노력할 것이다. 그런데 그런 비전이 없으면 정말 "나는 누구? 여기는 어디?"라는 질문을 자주 하게 될 것이다.

처음에는 그렇게 원해서 간 직장이었거늘 이제는 그 이유가 맞는지도 모르겠다는 생각을 하게 된다. 월급 외의 것들은 다 좋지 않다. 25일과 금요일만 기다린다. 이직을 하거나 젊은 퇴직자들의 인터뷰를 들어보면 많은 사람들이 이렇게 대답한다.

"내가 원하는 삶이 아닌 것 같아요."

"이렇게 사는 게 진짜 삶은 아닌 것 같아요."

그러면서 퇴직을 하고, 또 다른 직장을 찾지만 그 직장에서도 마찬가지다. 내 삶이 정비되지 않았기 때문에 어디를 가나 마찬가지인 것이다.

많은 청년들이 모리스 마테를링크의 동화 《파랑새》에 나오는 틸틸과 미틸처럼 행복을 찾아 나선다. 하지만 책에서처럼 행복이란 멀리 있는 게 아니라 내 옆에 있다. 내 가족과 함께 있을 수 있는 것이 행복이고, 내가 좋아하는 사람과 함께 맛있는 음식을 먹을 수 있는 것이 행복이다. 지극히 당연한 것일 수 있지만 이렇게 당연한 것들이 진짜 소원인 사람들도 많다.

나도 나 스스로에게 묻는다.
"너, 지금 행복하니?"
예전 같았으면 "아니, 나는 행복하지 않아" 했을 것이다. 지금 나의 대답은 "응, 행복해. 나는 나의 내일이 정말로 기대가 되거든" 이다. 많은 돈이 있어서가 아니다. 오히려 직장생활할 때보다 아직까지는 수입이 적다. 하지만 직장생활할 때보다 행복하다.

아이가 생겨서 그럴까? 물론 그 이유도 크다. 내게 아이는 그만큼 소중하니까. 하지만 아이가 처음 태어났을 때는 행복하다는 느낌보다는 힘들다는 느낌이 더 많았다. 그럼, 지금 삶에 익숙해져서 그럴까? 글쎄… 삶이란 익숙해질 만하면 어김없이 뭔가가 생기기 마련이라 익숙해진다는 것은 내 나이 때 하는 소리는 아닌 것 같다. 그럼, 일을 찾아서 그럴까? 일보다도 소망과 꿈이 생겼기 때문이라고 하는 게 맞을 것이다. 하고 싶은 일이 생겼다는 게 참 좋다. 그 일을 통해서 많은 돈을 벌게 될지 아직은 모르지만, 내가 해야 할 일이 생긴 것이 좋다.

사명이라는 것이 생겼다. 내가 태어난 이유, 나의 존재 이유에 대해서 알게 되니 그냥 살 수가 없다. 책임감을 느끼는 존재와 일이 있다는 것은 기분 좋은 부담감이다. 내가 지금 제대로 가고 있다는 것을 알려주기 때문이다.

하기 싫은 일이 있다는 게 꼭 나쁜 일만은 아니다. 하기 싫은데 해야만 하는 일, 그 일이 결국에는 나를 성장하게 만든다.

지금 나는 아이와 함께 여행을 가고 싶다는 생각이 굴뚝같지만 참고 글쓰기 작업을 하고 있다. 다이어트를 하는 게 싫고 닭가

슴살이 맛없지만 건강한 내 몸을 위해서 살을 빼고 있고, 그 과정을 사람들과 공유하면서 함께한다는 동기부여를 일으키고 있다. 하기 싫지만 해야 하는 일이라면 그 일은 결국 나에게 도움이 되는 일이다.

나는 매일 쓰러져 잠을 잔다. 하루하루가 고단하다. 누군가는 "왜 이렇게 인생을 힘들게 사니?" 라고 물을 수도 있다. 가끔은 나도 싫다. 내가 이렇게 힘들게 하루를 살아가는 게. 하지만 이런 하루하루가 나를 성장하게 한다. 새로운 일을 만들게 하고, 새로운 꿈을 꾸게 한다. 책을 쓰지 않아도 되지만 이 책을 통해서 누군가 단 한 사람에게라도 도움이 된다고 하면 그게 내가 책을 쓰는 이유가 되는 것처럼 말이다.

그래서 몸은 힘들어도 마음은 행복하다. 힘들어도 미소 짓게 되고, 엄살을 피우면서도 또 이 일을 하는 것이다. 지금 어깨가 빠질 것 같이 아프지만 그래도 나는 행복하다. 이 말을 할 수 있는 나는 진짜 행복한 사람임이 분명하다.

우리가
시작하지 못하는
솔직한 이유

☆ 변화는 늘 두렵다

우리가 시작하지 못하는 정말 가장 큰 이유는 실패에 대한 두려움 때문일 것이다. 다시 시작한다는 것은 이미 경험이 있다는 말이기도 하다. 이런 분들에게 추천해주고 싶은 책이 있다. 거의 20여 년 전에 출간된 오래된 책인데 아직도 많은 사람들에게 사랑을 받고 있는, 스펜서 존슨의 《누가 내 치즈를 옮겼을까?》이다.

동화와 같은 아주 짧은 글이 긴 여운을 남긴다. 책에 등장하는 주인공은 생쥐 둘, 꼬마 인간 둘이다. 변화에 민감한 '스니프', 발 빠르게 움직이는 '스커리'가 생쥐이며, 늦었지만 새로운 도전을 하기 위해 떠나는 '허'와 변화하는 것이 두려운 '헴'은 꼬마 인간이다.

얼마 전, 이 책을 다시 한 번 읽었다. 처음 나왔을 때는 베스트셀러라는 이유로 읽어서 그런지 좋다고 생각하면서도 내용면에서 크게 남는 게 없었다. 그런데 20여 년 만에 다시 읽게 되었을 때는 모든 페이지에 밑줄을 긋고 싶을 만큼 모든 글귀가 마음에 남았다. 책은 변한 것이 없는데, 책을 읽는 내가 변한 것이다. 그동안 여러 가지 경험도 쌓였고, 나이를 먹으면서 생각도 바뀌었다. 전에는 내가 '허'와 닮았다고 생각했다. 빠른 대응을 하거나 변화에 민감하지는 않아도 어느 때가 오면 변화하려고 노력하는 캐릭터! 그런데 이 책을 다시 읽으며 나는 '허'가 아니라 변화를 두려워하던 '헴'과 닮아 있음을 깨달았다.

아이를 낳고 경력단절이 되었다. 언젠가 다시 일을 할 거라고 생각했지만 무슨 자신감이었는지 모르겠다. 그런데 그 생활이 생각보다 오래되고 있었다. 아이가 어린이집에 들어가면 다시 시작해야지, 했던 것이 둘째를 유산하고 나서 더 길어지고 말았다. 어쩔 수 없는 상황이라고는 하지만 생각해보면 핑계에 불과할 수도 있다. 나 자신도 헴이었던 것이다. 치즈가 줄어들고 있다는 것을 알지만 내 창고에 있는 치즈는 아닐 거라는 그런 안일한 생각. 계속 핑계를 댄다. 나는 나이가 많아서 다시 취업하기는 힘들 거야, 나는 아이가 있어서 정규직은 힘들 거야… 하지만 진짜 이유는 아이 때문이 아니다.

오랫동안 쉬다 보니 다시 일을 한다는 것에 대한 두려움이 앞섰다. 사람들에게 거절당할 것 같은 두려움, 내가 그 일을 전처럼 잘하지 못할 것 같다는 두려움이 정말 솔직한 이유였다. 그리고 지금 이 생활에 익숙해져버린 나 자신에 대한 두려움이었다. '헴'처럼 구체적인 대안도 없이 계속 불평만 하고, 나를 구해줄 구세주만 기다리고 있는 나의 진짜 모습을 보게 되었다. 그때 나의 모습은 굶주림과 패배의식에 젖어서 괜히 나라 탓, 아이 탓, 남편 탓만 하고 있었다. 이런 생각들은 나를 건강하게 하는 게 아니라 피곤에 찌들어 나의 일상을 갉아먹기만 했다.

헴이 자신의 낡은 울타리를 벗어나기 위해서는 안일한 생활과 미래에 대한 두려움을 스스로 극복해야 할 것이다. 누구든 새로운 길을 향해 나아가기 위해서는 스스로의 힘으로 개척해야만 한다. 그 자신의 인생은

아무도 대신 살아줄 수가 없다. 조언을 할 수는 있지
만 받아들이는 것은 그 자신의 몫이기 때문이다.

_《누가 내 치즈를 옮겼을까?》

이미 익숙해져버린 사람들에게 변화는 쉽지 않다. 누군가가 나
를 여기서 꺼내줄 것만 같지만 이제는 아무도 내 인생에 개입
하는 사람이 없다. 내가 스스로 생각해야 하고 스스로 벽을 깨
고 나와야 하는 것이다.

나 또한 변화를 받아들이기까지 꽤 오랜 시간이 걸렸다. 내 모
습을 정확하게 보는 시간이 오래 걸렸다는 것이 맞는 말인지도
모르겠다. 왜 내가 이렇게 되었는지, 내 탓을 하기 보다는 다른
사람 탓으로 돌렸기 때문에 더더욱 보기 힘들었다.

책에서 '허'는 그의 생쥐 친구들로부터 중요한 교훈을 얻게 된
다. 사실 그들이 사는 방식은 간단했다. 그들은 사태를 지나치
게 복잡하게 분석하지 않았다. 상황이 바뀌어 치즈가 없어지면
그들 자신도 변화하여 치즈를 따라갔던 것이다.

변화의 필요성을 느낄 때 너무 복잡하게 생각하거나 사태를 분

석할 필요도 없다. 생각만 하다가 행동하지 못하는 경우가 생기기 때문이다. 내 삶에 변화가 필요하다고 느끼는 순간 변화하려고 행동하면 된다. 단순하게 생각하고 행동했기 때문에 쥐들은 쉽게 변화에 대해서 대처할 수 있었고, 복잡하게 생각했던 인간들만이 변화가 늦었다.

사람들은 변화 자체를 낯설게만 생각한다. 또 변화의 필요성을 인식하면서도 갖가지 핑계를 대면서 마지막까지 변화하지 않으려고 노력한다. 그러다가는 정말 이 책 속의 '헴'과 같은 캐릭터가 되어버린다. 우리가 쥐의 캐릭터처럼 빠르게 변화를 인식하거나 발 빠르게 행동할 수는 없을지언정, '허'처럼 변화를 인식하고 그동안의 창고에서 벗어나서 새로운 창고를 찾으려는 노력은 해야 한다.

정말 당신이 시작하지 못하는 솔직한 이유를 생각해보자. 도대체 나는 무엇을 두려워하고 있는지… 정말로 그 이유 때문에 시작하지 못하고 있는지 스스로에게 솔직하게 물어보길 바란다.

☆ 돈 때문에,
아이 때문에,
나이 때문에

우리는 뭔가를 시작하려고 할 때 안 되는 이유를 먼저 떠올린다. 그런데 그 이유가 너무나 많다. 특히 돈, 아이, 나이 그리고 성별에 대한 핑계는 자주 등장하는 선의의 거짓말이다.

나도 그랬다. 돈, 아이, 나이, 그리고 여성이라서 안 된다고 생각했다. 내 상태가 최악이었을 때는 모든 게 다른 사람들 탓으로 돌아갔다. 내가 문제가 아니라 사회가 문제가 많아서, 우리집이, 내 남편이, 우리집 아이가 유독 예민한 것 같이 느껴졌다. 왜 내 주변에는 다 문제들만 있는지… 다른 사람들을 탓하기 시작하면 정말로 한도 끝도 없어진다.

돈

그러던 어느 날, 정말로 이 문제들 때문에 내가 할 수 없는 것인지 다시 생각하게 되었다.

'정말로 이 문제들 때문에 할 수 없는 것일까?'

뒤집어 생각해보았다. 돈? 그래, 나 돈 없어.

내가 벌 때는 전혀 문제되지 않았는데, 내가 벌지 않으니까 남편 돈으로 뭔가 시작하자니 걸리는 게 너무나도 많았다. 쉽게 쓸 수 없는 것이 남편 돈이다.

그럼, 돈이 없으니까 어떻게 하면 좋을까? 아이디어로 승부하는 수밖에 없었다. 가진 돈이 별로 없어도 시작할 수 있는 방법에 대해서 연구하게 되었고, 주변에 문의하면서 정부지원사업에 사업계획서를 내고 도전하게 되었다.

나는 돈이 없었기 때문에 끝까지 갈 수 있었다. 가는 도중에 심사위원들에게 가슴 아픈 질문들을 많이 받았어도, 돈이 없었기 때문에 참을 수 있었고, 조금은 독하게 할 수 있었다.

사람들과 경쟁을 해야 하니 계속 아이디어를 내야 했고, 관련 자료들을 뒤져봐야 했다. 돈이 없으니 공부를 더 열심히 하는 수밖에 없었다. 책 한 권이라도 더 읽어야 사업계획서를 잘 쓰는데 도움이 되고, 여기서 인정을 받아야만 다른 것도 할 수 있을 것 같아서 더 열심히 했다. 나는 최종까지 올라갔고, 사업자금을 받을 수 있었다. 내가 돈이 없었기 때문에 가능한 일이었다.

아이

아이. 엄마들이 가장 많이 대는 핑계다. 아이가 방패가 된다. 아이를 앞세우면 모두 다 이해할 수밖에 없게 된다. 나도 많이 했던 거짓말이었다. "아이가 있어서요."

처음에는 몇 번 방패처럼 사용했던 것이 자주 하니 습관이 되었고, 진짜 아이 때문에 아무것도 못하는 엄마가 돼버린 것이다. 그런데 정말 그 이유일까? 정말 그 이유 때문에 할 수 없었던 것일까?

아니다. 생각해보니 그 이유 때문에 할 수 있었다. 부모님께 죄송한 이야기지만 나는 삶에 대해서 크게 욕심이 없었다. 언제든 하나님이 부르시면 오케이! 하고 갈 준비가 되어 있었다. 세상 삶에 대해서 크게 미련도 없었고, 그동안 하고 싶었던 일들을 많이 하면서 살았기 때문에 못 해본 것에 대한 억울함도 없었다.

그런 내가 삶에 욕심이 생겼다. 아이가 생기고 난 후 내 아이가 나를 필요로 할 때까지 아이 옆에 있어 주고 싶다는 생각이 들었다. 그리고 아이에게 엄마로서 뿐만 아니라 같은 여성으로서 인정받고 싶다는 욕심이 생겼다. 그래서 하나님께 그때까지만 살게 해달라고 기도한다. 그래서 더 열심히 살려고 하고, 더 바르게 살려고 한다. 딸아이가 있기 때문에 내 딸은 나중에 엄마와 같은 일을 겪게 하지 않으려고 여성들을 위한 일을 하려고 한다.

나이

"나이가 많아서요."

"이 나이에 내가 뭘….."

하지만 생각해보면 내 나이를 부러워하는 분이 분명 계신다. 나는 항상 내 나이가 많다고 생각했다. 대학원에 들어갔을 때도 대학 졸업 후 바로 들어간 게 아니라, 회사 생활을 어느 정도 하다가 들어갔다. 나보다 다섯 살 어린 친구들은 대학 졸업 후 바로 왔기 때문에 나는 자연스럽게 큰언니가 되었다. 20대 중반의 푸릇한 동생들 사이에서 30대 언니란….. 정말로 큰 차이처럼 느껴졌다. 지금 생각해보면 웃긴데, 그때는 노인네 취급을 받았다. 막상 대학원을 끝내놓고 보니 내가 너무 늦게 시작한 것도 아니었다. 4~50대에 시작하는 분들도 계시는데 그때는 왜 내가 늦었다고 생각했는지 모르겠다.

그 이후도 많다. 다시 일을 시작하기 위해서 교육을 받을 때였다. 40대에 뭔가 다시 시작하는 것이 한참 늦었다고 생각했는데, 50대 언니(?)가 내게 와서, 시작하기 참 좋을 때라고 한다.
"나는 그때 애 키우느라 정신없어 아무것도 하지 않으면서 보낸 것 같은데… 여나 씨는 빨리 시작해서 얼마나 좋아?"
나는 늘 늦었다고 생각하지만 누군가는 내 나이를 부러워한다는 것을 알게 되었다. 그리고 시간이 지나면 지날수록 나는 절대로 늦은 게 아니라는 것을 알게 된다. 뒤돌아보면 다른 사람보다 빠르게 시작한 것 같아 다행이라고 생각한 적이 많았다.
잊지 말자. 내가 늦었다고 생각할 때도 누군가는 내 나이를 부러워하는 사람이 꼭 있다.

누군가 나에게 20대로 돌아가서 다시 한 번 인생을 바꿀 수 있는 기회를 주겠다고 한다면 나는 NO! 라고 답을 할 것이다. 그 때로 돌아가서 다시 뭔가를 시작한들 분명 또 다른 것에 아쉬워하는 일은 생길 것이다. 참 감사하게도 나는 지금까지 내 인생을 후회하지 않는다. 돌고 돌아온 인생길을 감사하게 생각한다. 그렇다고 내가 생각한 대로 모든 것을 다 이루면서 살아온 것은 아니다. 실패도 많았고 흘린 눈물도 참 많았지만 그 나름대로 다 소중하다. 그렇기 때문에 다시 리셋할 기회가 주어진다고 해도 나는 지금의 내가 참 좋다. 20대 때 철없던 나보다 40대 때의 진득한 내가 좋다. 20대 때의 겁 없이 도전하면서 신나게 다녔던 그때가 그리울 때도 있지만, 아이와 뒹굴며 지내는 지금도 나는 좋다. 그때보다 더 많은 감사를 느끼고 있고, 그때보다 더 많은 사람들을 포용할 줄 알며, 그때보다 더 많은 이야기들을 받아들이게 된 40대가 좋다. 40대라도 시작할 수 있어서 감사하다.

여성

여성이라서 할 수 없다… 전에는 그렇게 생각했었다. 유독 보수적인 일본회사를 다녀서 그랬는지도 모른다. 일본회사는 외

국계 회사이지만 아직도 보수적인 성향이 강하다. 대놓고 여자라고 차별하지는 않았지만, 은근히 그런 일들이 많이 있었다. 그래서 나도 모르게 그런 생각들을 하는 건지도 모르겠다. 하지만 이제는 4차 산업시대다. 남성들보다도 여성들의 감성이 더 중요시되는 시대라고 한다. 그리고 앞으로도 여성들이 더 많은 일들을 할 수 있을 것이다. 남녀 차별이 아니라, 스스로 자기 자신을 다른 사람들 속에서 차별하지 않는다면 분명 다시 시작할 수 있는 충분한 이유가 될 것이다.

이렇게 안 되는 이유들을 적어보고, 그 이유들을 반대로 생각해보자. 그 이유 때문에 다시 할 수 있을 것이다.

나는 돈이 없었기 때문에 가능했고, 아이가 있기 때문에 더 열심히 살려고 아등바등하고 있다. 여성이라서 여성들에게 더 많이 관심을 갖게 되었고, 나이가 있기 때문에 그들을 더 편안하게 받아들일 수 있는 그릇이 된 것 같아 참 감사하게 생각한다.

☆ 왕년에 멋있었던
내 모습 때문에

과거에 너무 안주하면 새로운 도전을 하지 못하게 된다. '내가 예전에 어떤 사람이었는데…' 라는 생각이 나를 아무것도 하지 못하게 하는 것이다. 하지만 언제까지 과거에만 머물러 있을 것인가. 세상은 무섭게 변화되고 있는데 자신만은 아직도 과거 속의 사람이길 바라는가?

코칭을 하면서 알게 된 분들 중 한 코치님의 이야기다.
대기업 임원으로 계시다가 은퇴한 분이신데, 은퇴하고 다시 대학원에 들어가셨다. 새롭게 국가 자격증 공부도 하고 지금은 대기업 임원들에게 비즈니스 코칭을 하고 계신다. 매년 무언가를 배우려고 하고, 정보를 얻기 위해서 젊은 친구들에게 밥을 사면서 관계를 만들어간다. 스승이라 생각되면 나이가 많건 적

건 상관없이 납작 엎드려서 열정적으로 배움을 갈급해하신다. 정확한 연세는 모르겠으나 대략 60대 초중반쯤 되신 것 같다. 친구분들과 가끔 만나서 이야기를 나누다 보면 아직도 옛날 잘 나갔던 시절 이야기만 하는 사람들이 안타깝다고 하셨다.

그 코치님과 비슷하게 은퇴를 한 친구 한 분은 7년이 지난 지금 까지도 시작을 못하셨다고 했다. 그는 "내가 이렇게 건강하게 오래 살 줄 알았다면 그때 뭔가 했었을 텐데…"라고 했다고 한 다. 대기업 은퇴 후 퇴직금으로 여유롭게 여행도 다니고 쉬다 가 자신의 인생을 정리할 줄 알았다고. 그런데 여행을 다니는 것도 한두 번이지 계속 여행을 다니기도 어렵고, 쉬는 것도 일 하다가 쉬어야 재미있는데 매일매일 쉬니 쉬는 것 같지도 않다 고 한다. 금방 7년이라는 시간이 흘렀고, 아직도 옛날 생각을 하면서 "예전에 내가 이런 사람이었는데 말이야…" 하며 옛날 이야기만 꺼내 놓는다고 한다.

이 이야기를 들었을 때 남 일 같지가 않았다. 내 이야기가 될 수도 있고, 내 주변의 이야기가 될 수도 있다. 실제 내 주변에도 이런 분들이 계신다. 정말로 멋진 여성인데, 아이를 낳고 스스로 경력단절 여성이 되었다. 아이가 어느 정도 커서 엄마의 손이 덜 필요하게 되면서 다시 일을 찾고 싶었는데, 자꾸 과거에만 머물러 있는 그녀라 시작이 어려웠다. 내가 예전에 대기업 다니던 여자였는데… 내가 연봉 얼마의 고급인력이었는데… 자꾸 과거의 자신만 기억하니 뭔가를 시작하는 게 너무 어렵게만 되는 것이다. 다시 뭔가를 시작할 때는 예전의 자신을 잊어야 한다.

《누가 내 치즈를 옮겼을까?》에도 이런 이야기가 나온다.

> 사라져버린 치즈에 대한 미련을 빨리 버릴수록 새 치즈를 빨리 찾을 수 있다.

사라져버린 치즈에 대한 미련을 빨리 버리고 새 치즈를 찾은 내 친구 이야기다.

친구는 강남 성형외과 실장님으로, 말 그대로 엄청나게 잘 나갔었다. 병원 관리도 정말 잘했고 고객 응대를 잘해서 원장님들에게도 예쁨을 많이 받았다. 워낙 일을 잘하니 어떻게 소문을 들었는지 대학에서 서비스 강사로도 초빙을 했다. 대학과 병원에서 승승장구하던 친구.

그런 친구가 아이 둘을 낳고 어쩔 수 없이 일을 그만두게 되었다. 작은아이가 내 딸아이보다 한 달 빨라 우리는 육아 이야기로 더 친해졌다. 작은아이가 어린이집에 들어갔을 때 친구는 일을 찾기 시작했다. 아이가 어린이집에 있는 동안에 할 수 있는 일을 찾으니 선택의 폭이 좁았다. 그렇게 간 곳이 집앞의 중국집이었고 서빙을 했다. 그런데 장사가 잘 안 돼서 서빙할 일 자체가 많지 않았다. 그녀는 병원 홍보일의 경험을 살려 중국집에 적용해보기로 했다. 서빙을 하기 위해서는 손님이 많이 와야 하는데, 어떻게 하면 손님을 부를 수 있을까 고민하다가 스스로 답을 찾은 것이다. 블로그 홍보를 하고 전단지를 직접 제작해서 길거리에 나가 나눠주기도 하고, 쿠폰을 만들어서 왔던 고객들에게 다시 올 기회를 만들어줬다. 후기를 올린 고객이 다음에 올 때에는 뭔가 서비스를 받을 수 있는 제도도 만들었다. 그런데 그런 노력에도 불구하고 그 중국집은 망했다.

사장은 그릇들을 고물상에 다 줘버리라 했지만, 친구는 일일이 사진을 찍고 중고 사이트에 올려서 사장님 손에 몇백 만원을 쥐어드렸다. 그렇다고 퇴직금을 받는 것도 아니었지만 그녀는 자신이 할 수 있는 한 최선을 다해서 일했다.

다시 일하게 된 곳은 집앞 빵집. 그곳도 얼마 가지 못했다. 둘째가 어린이집 적응을 못한다는 이유로 일을 그만두었다. 얼마후 아이가 적응을 잘하게 되자 친구는 정수기 회사에 들어갔다. 그곳을 선택한 이유도 비슷하다. 육아와 일의 병행이 가능하기 때문이었다. 정해진 건수만 채우면 되기 때문에 시간 조정이 가능했다.

그녀에게 허락된 시간은 아이가 어린이집에 있는 시간뿐이었으므로 친구는 남들보다 더 활발하게 움직여야 했다고 한다. 3개월이 지난 후, 친구는 전국에서 서비스 평가 1등을 받았다. 전에 했던 일이 병원에서 서비스를 제공하는 일이었기에 그녀가 가장 자신 있는 부분이었는지도 모른다.

친구는 입사한 지 몇 개월 만에 팀장으로 뽑혀서 이제는 고객의 집에 방문해 필터를 바꿔주는 외부일이 아닌 내근을 하고 있다. 그 회사에서 지금까지 이런 사례가 없었다고 하는데 친구는 새로운 역사를 만들어나가고 있다.

내 친구지만 정말 멋지다. 친구는 자기가 할 수 있는 범위에서 정말로 열심히 사는 사람이다. 정말 존경스럽다. 만약 그녀가 자신의 과거에 얽매여 있었다면 다시 일을 시작하지 못했을 것이다. 예전에 받았던 월급만 생각했다면 집앞에서 아르바이트를 한다는 건 상상하기도 어려운 일이다. 하지만 그녀는 자신의 주어진 상황에서 최선을 다했다.

정말 고수는 어디를 가든 티가 나는 법이다. 옆에서 친구를 보면서 나도 많은 자극을 받는다. 그녀는 이 모든 것을 운으로 돌렸다. 운이 좋아서 그런 것 같다고 했지만 내가 보기엔 그 운도 자기가 만들어가는 것 같다.

⭐ 교육은 받았는데,
그 다음은?

다시 일을 시작해야겠다고 느낄 때쯤 가장 많이 찾게 되는 곳이 교육기관이다. 조금만 관심을 기울이면 여성개발원이라든지 50플러스같이 나라에서 운영하는 무료교육기관 및 저렴하게 교육을 받을 수 있는 곳이 많다. 그곳에서 경력단절 여성들과 은퇴하신 분들을 많이 만나는데, 그분들과 이야기를 나누다 보면 안타까운 사연들을 많이 접하게 된다.

대개 오랫동안 쉬다 보니 혹은 계속 한 가지 일만 하다 보니 그 다음에는 어떻게 일을 찾아야 할지 몰라서 오신 분들이 대부분이다. 그분들의 선택은 '내가 하고 싶은 일'이 아니라, '내가 할 수 있는 일'이다.

베이비케어 교육을 들으면 취업이 잘 된다는 말을 듣고 그 교육을 몇 달 동안 듣고 취업을 한다. 그런데 막상 일을 해보니 그 일이 자신과 잘 안 맞는다. 그래서 몇 달 못하고, 다시 교육장을 찾는다. 이번에는 방과 후 교사를 할 수 있는 교육을 몇 달에 걸쳐 받는다. 대학에서 공부한 것도 있고, 또 아이들을 키워본 경험이 있으니 할 수 있을 것 같다는 생각에 수업을 들었는데 워낙 경쟁률이 높으니 뽑히기가 어렵다. 기회가 돼서 한 번 수업을 해봤는데, 막상 그 일도 별로 적성에 맞지 않는다. 그래도 그녀는 여전히 교육장을 찾는다. 뭔가 다시 새로운 것을 배울 것이 없을까 하고…. 그러다가 결국 아무것도 하지 못하고 포기를 한다.

이 사례는 한두 분의 이야기가 아니다. 내가 만났던 여러 사람들의 이야기였다.

왜 이들은 계속 교육만 받는 것일까? 정말로 진지하게 자신에 대해서 생각해본 것일까? 라는 질문을 던지게 된다.

사실 우리는 대학을 선택할 때부터 내가 하고 싶은 일, 내가 좋아하는 일이 아니라 내가 할 수 있는 일에 대해서 생각했던 것 같다.

내 비전에 대해서 생각해보고, 어떤 비전을 가지고 이 세상을 살아가야 할까에 대해 고민을 한 후 대학을 선택한 것이 아니라, 공부하다가 점수에 맞는 대학을 선택하게 된 것부터가 잘못된 만남이었던 것은 아닐까? 20대에 첫 직장을 구할 때도 내가 하고 싶은 일을 찾는 것이 아니라, 나를 뽑아주는 회사를 찾을 수밖에 없는 현실부터가 문제였던 것 같다. 다시 일을 찾는 것도 예전과 같은 방법으로만 찾게 되는 것이다.

이제 다시 시작할 때는 뭔가 조금은 다른 방법이어야 한다. 예전과 같은 방법이 아니라 다시 새로운 방법! 진짜 내가 원하는 것이 무엇인지 생각해보고 선택했으면 좋겠다는 것이다. 누군가가 나를 선택해주기 보다는 내가 선택해야 한다. 그렇다고 모두가 다 사장님이 되라는 것은 아니다. 내 일을 선택할 때에는 다시 뭔가를 선택해야 할 때는 내가 내 인생의 사장님과 같은 마음으로 선택했으면 좋겠다.

그리고 무료교육만 받지 않았으면 좋겠다. 물론 무료교육이 다 좋지 않다는 것은 아니다. 요즘에는 워낙 나라에서 지원도 많이 하기 때문에 잘 찾아보면 무료교육 중에서도 제대로 된 교

육이 많다. 하지만 제대로 찾는다는 게 쉽지 않을 것이다. 무료
교육으로 취업까지 연결해주는 곳은 나라에서 그만큼의 교육
비를 지원 받는 곳이다. 그런 곳은 취업률로 증명해야 내년에
도 예산을 받아서 무료교육을 진행할 수 있다. 그렇기 때문에
취업률을 올릴 수 있는 교육을 많이 한다. 내가 하고 싶은 일이
그런 곳이라면 정말 다행이지만, 만약 그렇지 않다면 유료라도
돈을 내고 교육을 받는 게 맞다.

자녀들에게만 투자하지 말고 나 자신을 위해서도 교육비로 투
자하길 바란다. 그것이 가장 큰 수익률을 얻을 수 있는 투자다.
자녀들을 위한 교육비도 투자개념이지만 내가 바라는 만큼 수
익률(?)이 나오기란 쉽지 않다. 하지만 나 자신이라면? 그 교육
비가 아까워서라도 악착같이 교육에 참석하고 하나라도 더 얻
으려고 발버둥치며 교육을 받을 것이다.

나 또한 교육을 많이 받으러 다닌다. 비싼 교육을 받을 때는 나
름 고민하게 된다. 투자비용 대비 수익률이 어떻게 되는가를
고심한다. 아무리 비싸더라도 투자를 해서 내가 그 교육비를

뽑을 수 있다고 생각되면 무조건 투자한다. 경험으로 미루어본
바, 가장 수익률이 좋았던 투자는 나 자신에게 한 투자였다. 꼭
돈으로 돌아오는 것만을 말하는 건 아니다. 교육을 받고 나 자
신이 그만큼 업그레이드 된 것도 수익으로 본다. 지금 내가 당
장 수익은 없더라도 그 교육으로 인해 언젠가 내 수익에 도움
이 될 거라는 생각이다.

아무 생각 없이 무료교육만 열심히 좇아다니다간 시간 낭비,
열정 낭비, 에너지 낭비만 하게 된다. 그리고 결국 지쳐서 포기
한다. 정말로 그런 분들 여럿 봤다. 다시 시작하기로 결심했다
면 조금 천천히 가더라도 생각하는 시간을 가졌으면 좋겠다.
교육에 나를 맞추는 것이 아니라 나에게 맞는 교육, 내가 진짜
받고 싶은 교육을 찾아서 들었으면 좋겠다.
아무리 멀리서 하는 교육이라도 정말 듣고 싶은 교육이라면 시
간을 내서라도 찾아가야 한다. 돈이 아깝다는 생각이 들면 그
돈을 뽑아야겠다는 각오를 하고 꼭 자기 자신에 투자하길 바란
다. 아마 지금까지 한 투자 중에서 가장 수익률이 좋은 투자가
될 것이다!!!

☆ 나는 할 수 없을 거라는 생각

다시 무언가를 시작할 때 머뭇거리게 되는 이유는 무엇일까? 여러 가지가 있겠지만 그 중 가장 큰 이유는 아마도 '나는 할 수 없을 거야' 라는 생각일 것이다.

하고 싶은 일은 많다. 그동안 못하고 있었던 일, 나의 내면 속에 꼭꼭 감춰놨던 일들 중에 하나가 떠올라서 그 일을 하고 싶은데, 더 이상 나는 예전의 내가 아니다. 예전처럼 날씬하지도 않고 빠릿빠릿 머리도 잘 안 돌아가고, 무슨 교육을 받아도 전처럼 쉽게 받아들이지 못하는 게 느껴진다. 그러다 보니 도전이라는 말만 나와도 '나는 안 돼. 나는 할 수 없을 거야' 라는 생각이 무의식중에 나오게 된다.

이럴 때는 어떻게 하면 좋을까? 이럴 때야 말로 믿음이 필요하다. 나에 대한 믿음 말이다. 내가 나를 믿지 못하면 누가 믿어 줄 것인가? 누가 나에게 "너는 할 수 있어!" 라고 말해줄 것인가!

왜 자신을 믿지 못하는지에 대해서 생각해보면 좋겠다. 왜 나는 나를 믿지 못하는 거지? 혹시 그동안 나와의 약속에 있어서 번번이 어겼던 경험이 있었나?

아마 대부분 그런 경험이 많았을 것이다. 많은 계획을 세웠고, 목표를 설정했지만 지키지 못했을 것이다. 내 목표를 위해서 진짜 열심히 달려봐야지 했다가도 보고 싶은 드라마 한 편 때문에 내 목표를 잊었던 적, 내일부터 진짜 다이어트 해야지 하면서도 그 다음날이 되면 또다시 내일부터 시작하는 거야! 하며 매번 똑같은 목표를 외쳤던 경험, 이런 경험들이 쌓였기 때문에 자기 자신을 믿기 어려운 것이다.

그런데 다시 시작하는 나라면… 이제는 정말 마음 단단하게 먹고 시작해야지!!! 하는 마음을 갖고 시작한다면 지금까지의 모습과는 조금 달라야 하지 않을까?

나는 첫 번째로 자신에 대한 믿음을 요구하고 싶다. "나는 할 수 있다"고 외쳐보라. 할 수 있을까? 라는 자신 없는 믿음이 아니라, 나는 할 수 있다는 똥배짱이라도 한번 부려봐야 하지 않을까.

주변에 믿음이 가는 사람이 있다. 그 사람과 만나기로 약속을 하면 일찍 나가게 된다. 항상 약속 시간보다 일찍 와서 나를 기다리는 사람이라는 것을 알기 때문에 나도 그 믿음으로 일찍 나선다. 일에서도 마찬가지다. 왠지 어떤 일을 해도 해낼 것 같은 믿음이 가는 사람이다. 그 사람은 어떻게 그런 믿음을 보이게 되었을까?

관찰해본 결과, 그분은 꾸준하게 자신을 관리하고 있었다. 그리고 긍정의 마인드로 일을 하고 있었다. 매일매일 자신의 할 일을 적어놓고 그 일들을 지워가면서 작은 목표를 이루어 나가고 있었다. 아무리 큰일을 맡기더라도 왠지 그 사람이라면 할 수 있을 것 같고, 만약 그 일이 성사되지 않았더라도 그럴 만한 일이 있었을 거라는 믿음이 가는 사람이다. 그 사람은 평소에도 그런 행동들을 보였기 때문에 믿음이 쌓이게 된 것이다.

만약 지금 당신의 모습이 실망스럽다면, 당신에 대한 믿음이
부족하다면, 지금까지의 패턴을 바꿔보기를 추천한다. 자신과
한 약속이라면 아무리 사소한 일이라도 꼭 지킨다는 규칙을 만
드는 것이다.

믿음은 상대의 생각을 바꾸기도 한다. 이건 나의 경험이기도
하다.
딸아이가 다섯 살때 영어유치원에 보내달라고 했다. 나는 아이
를 영어유치원에 보낼 생각이 없는 사람이다. 아직은 아이의
교육에 투자할 때도 아니고, 영어유치원에 다닌다고 영어 실력
이 좋아지거나 아이에게 크게 도움이 될 거라는 생각을 가지고
있지 않았다. 사촌 언니가 영어유치원에 다니는 것을 보니 그
게 좋아보였나 보다. 나는 아이가 단순히 부러워서 해본 말이
라고 생각하고 아이에게 이렇게 말해주었다.
"네가 일곱 살이 되어도 영어유치원에 가고 싶다면 엄마가 긍
정적으로 생각해볼게."

아직 2년이라는 시간이 있고, 또 그 안에 딸아이의 생각이 바뀔 거라는 것을 알기에 그렇게 답변했다. 그런데 아이는 그때부터 주변 사람들에게 "우리 엄마가 나 일곱 살이 되면 영어유치원에 보내준다고 했어요"라고 말하고 다녔다. 무슨 믿음으로 그렇게 말하는 것인지 모르겠다. 이미 아이는 그 유치원에 가는 사람처럼 말하고 다니는 것이다. 여섯 살인 아이는 지금도 내년에 영어유치원에 간다고 말하고 다닌다.

이제는 굳건했던 내 생각이 바뀌기 시작했다. '진짜 영어 유치원에 보내야 하나?' 하는 생각에서 '영어 유치원 어디가 좋은지, 원비는 얼마나 되는지' 알아보게 된 것이다.

아이의 믿음이 나를 바뀌게 했다. 이렇게 믿음이라는 것은 상대의 생각을 바꿔놓기도 한다.

할 수 없다는 생각을 갖기보다는 '할 수 있다' '갈 수 있다'는 생각을 가지고 이미 하고 있는 사람처럼 행동하면 그 일이 그렇게 될 수 있는 확률이 더 커진다. 여섯 살 아이의 순수한 믿음처럼 자기 자신을 믿어주길 바란다. 다른 사람은 내게 할 수 없다고 말하지만, "나는 할 수 있는 사람이야!" 라고 믿는다면 나는 진짜 할 수 있는 사람이 되는 것이다.

나는 할 수 없는 일이거나 자신감이 없을 때 이 말을 외친다.
"내게 능력주시는 자 안에서 내가 모든 것을 할 수 있느니라."
(빌립보서 4:13)
나는 분명 할 수 없다. 내 힘으로는 도저히 감당이 되지 않을
때도 있을 것이다. 그럴 때는 정말 믿음으로 나아가는 수밖에
없다.

비슷한 예로 플라시보 효과라는 것이 있다. 죽어가는 암 환자
에게 비타민을 주면서 이 약을 먹으면 곧 병이 치유될 것이라
는 의사의 말을 믿는 환자는 그 믿음으로 질병이 호전될 수도
있다는 것이다. 믿음으로 긍정적인 효과가 발휘되는 상황을 말
하는 것이다. 그만큼 믿음이라는 것이 중요하다.

시작을 할 때 성공할 확률보다 실패할 확률이 높다. 그리고 도
전이라는 것을 하면서 부딪치는 경우가 더 많다. 하지만 믿음
은 그때마다 나를 일으키는 힘이 된다. 믿지 않는 사람에게는

자기 자신을 설득하고 달래는 효과라고 할 수도 있겠다. 그래도 좋다. 그럼에도 불구하고 믿음은 가져야 한다.

내가 감당할 수 있는 고통만 주신다는 믿음, 피할 길을 내어 주신다는 믿음, 두드리면 열릴 것이고 구하면 얻을 것이라고 했다. 그런 믿음을 가지고 시작하는 것과 그런 믿음 없이 시작하는 것은 시작부터 다르다. 믿음은 이성적으로 이해하는 것이 아니라 믿는 자들에게 경험으로 주는 것이다. 자신의 짧은 지식과 경험으로 이해하려고 하면 절대로 이해되지 않는다. 속는 셈 치고 믿어보자. 믿는 자에게는 복이 있을 것이다.

☆ 아무도 당신의 희생을 원하지 않는다

내 인생을 되돌아보면 정말 잘 살았다! 라고 말할 수는 없으나, 그래도 이 정도면 나쁘지 않아! 라고 생각한다. 물론 가지 않은 길이라든지 선택하지 않았던 것에 대한 아쉬움은 있다. 아마도 모든 사람들이 그런 마음을 갖고 있을 것이다. 그렇기 때문에 내 아이에게는 조금 더 나은 인생을 살게 해주고 싶은 마음이 든다. 나는 이미 한번 해 봤으니까, 경험이 있으니까, 라는 이유로 내 아이에게는 가급적이면 실패할 확률을 줄여주고 싶고, 넘어지지 않도록 붙잡아주고 싶은 것이다.

요즘은 육아를 전담하게 된 조부모님도 많이 계신다. 내 딸아이의 커리어를 위해 내가 좀 희생하는 것이다. 이제 육아에서 좀 벗어나 자신의 시간을 갖고 싶은데, 육아와 일을 병행하는 딸의 모습을 보니 도와주고 싶은 것이다. 그런 조부모의 마음도 마찬가지일 것이다. 처음으로 부모라는 이름으로 아이를 길러봤지만, 자신이 생각한 것만큼 멋진 작품이 나오지 않았을 것이다. 그래, 첫 번째는 어쩔 수 없으니 두 번째는 왠지 더 잘할 수 있을 것 같다는 생각에 손주들에게 희망을 건다.

모든 사람들이 아이 하나를 놓고 그 아이 인생을 위해 열띤 토론을 벌인다. 말도 많고 간섭도 많아진다.

예전에는 초등학교 부모 상담에 엄마 혼자 가는 게 전형적인 모습이었는데, 이제는 부모에 조부모님까지 오신다는 지인의 이야기를 들었다. 완벽한 것이 무엇인지 모르겠지만 완벽하게 양육하고 싶은 욕심이 생기는가 보다.

그러다 보니 엄마들이 더더욱 완벽한 엄마가 되려고 한다. 아이 공부에도 신경 쓰고, 아이의 미래에 대한 계획을 세워놓는다. 엄마의 정보력과 아이의 체력, 할아버지의 경제력과 아버지의 무관심이 그 아이를 만든다는 우스갯소리도 있다. 늘 "지금은 때가 아니야"라고 말한다. "아직 아이에게는 엄마가 필요해!"라면서. 모든 신경이 내가 아닌 아이에게 가 있다. 아이가 나의 우상이 되고, 아이를 중심으로 세상이 도는 것 같다.

학교에서 돌아오면 간식 만들어 먹여야 하고 어떤 학원이 좋은지 알아놓고 아이를 보내야 한다. 엄마들과의 적절한 관계를 형성하면서 정보를 얻고 거기에 맞춰서 내 아이를 대응시켜야 한다. 생각만 해도 너무나 숨 막히는 생활이다. 아이는 아이대로 엄마는 엄마대로 너무 피곤한 삶이 지속될 것 같다. 이렇게 아이에게 모든 정성을 다 쏟는 사람들을 보면 나중에 이 아이가 자신의 뜻대로 하지 않을 경우 아이에게 실망하고 신경질을 내는 경우가 많다. "내가 너를 어떻게 키웠는데!!!" 하면서 말이다. 제발 이런 숨 막히는 짓은 하지 않았으면 좋겠다. 아이를 위해서도… 당신을 위해서도….

아이와 나는 동반성장해야 한다. 아이만 성장하기를 바라는 것이 아니라 나 또한 성장해야 한다. 그래야 아이도 나도 숨을 쉴 수 있다. 아이를 위해서 희생을 해야만 좋은 엄마가 아니다. 아이를 위해서 같이 조금은 거리를 두는 것이 좋다. 그렇지 않으면 내 생각대로 되지 않았을 때, 아이가 나를 따라주지 않았을 때, 뭔가 조금만 잘못 되어도 화살이 되어 나에게로 돌아온다. 그리고 그것들이 쌓이고 쌓이다가 언젠가는 화산처럼 폭발하고 마는 것이다.

완벽한 엄마는 없다. 사람은 완벽해질 수 없다. 내가 어떤 노력을 하더라도 늘 구멍이 있기 마련이고 채울 수 없는 부분은 항상 존재한다.

완벽한 엄마가 되어 아이를 다 키워 놓은 다음 자신을 뒤돌아보면 정말 더 비참한 생각이 들 때가 있을 것이다. 완벽한 엄마, 착한 엄마가 되려고 하지 말자. 요즘 육아서도 예전과는 달라서 아이에 대한 이야기만 나오는 것이 아니라, 엄마 자신이 더 발전해야 하고, 성장해야 한다는 이야기를 많이 하고 있다.

결혼을 일찍 한 친구가 있다. 내 아이는 아직 어린이집 다니고 있는데, 그 친구의 아이들은 고3, 고1이다. 이미 엄마의 손을 다 떠났다. 그리고 이제는 아이와 함께 대화는커녕 밥 한 번 먹는 것도 어렵다고 한다. 그 친구가 우스갯소리로 말한다. 아이들에게 너무 잘해줄 필요가 없다고.

나는 육아가 처음이니 어설프게 하더라도 내 아이를 위하는 거라 생각하며 열심히 하고 있다. 그 모습을 본 친구가 선배엄마로서 말하는 것이다. 나는 이제 엄마로서 초급문제집을 푸는 사람이고, 그 친구는 이미 고급반에 들어간 사람이다.

"내가 다 해봐서 아는데, 네가 그렇게 몸종 노릇 해봤자 아이들은 고마워하지도 않아."

그 친구는 젊을 때 결혼해서 아이 둘 낳고 온갖 정성으로 키웠다. 아이들에게 "고마워"라는 말을 들으려고 한 것도 아니고, 정말 엄마라는 이유만으로 오로지 아이를 위해서 자신을 희생한 것이었지만, 시간이 흐르고 생각해보니 그 시간의 반만 자기 자신에게 썼더라면… 하는 후회가 생긴다는 것이었다.

둘 다 사춘기라 엄마를 보는 눈이 검은 눈동자보다 흰자가 많다고 한다. 아이가 나에게서 독립하려고 그러는가 보다, 정 떼려고 하나 보다, 하면서 이해는 하지만 그래도 섭섭한 마음은 어쩔 수 없나 보다. 그러면서 '그때 왜 나는 나 자신을 더 잘 돌보지 못했을까' 하는 후회를 이제야 하게 되었다는 친구.

이 이야기가 비단 내 친구의 이야기만은 아닐 것이다. 많은 부모들이 자신보다는 자식들을 위해서 살아왔고 자녀들은 그것을 당연하다는 듯이 받아왔다.

그것이 잘못되었다는 게 아니라, 그래도 그 열정 중 조금이라도 자신에게 썼더라면 하는 아쉬움이 있는 것이다. 착한 엄마 콤플렉스, 완벽한 엄마 콤플렉스는 스스로가 만든 병이다. 아이를 정말 사랑한다면 아이가 홀로 설 수 있도록 도와주는 것이 부모의 몫이다. 내 아이에게 좋은 롤모델로서 산다는 것이 얼마나 아름다운 일인지 한번쯤 다시 생각해봤으면 좋겠다.

☆ 남들 따라 세운 나의 목표

공통의 목표를 가진 사람들이 SNS상에서 모인다. 대부분 자기계발의 성격이다. 혼자서는 어려우니 함께해요~ 하는 마음으로 시작하는 것이다.

시작의 이유는 참 좋다. 하지만 시작하고 나서 그 모임이 오랫동안 유지되는 것은 쉽지 않다. 사람이 변한다는 것 자체가 쉬운 일이 아니기 때문이다.

책도 정말 많이 나온다. 자기계발서의 내용도 비슷비슷하다. 다들 새벽형 인간이 되어야 하고, 운동 한 가지씩은 꼭 해야 한다. 시간을 아껴서 책은 일주일에 몇 권씩 읽어야 하고, 좋은 강연이 있다면 놓치지 말고 들어줘야 한다. 다 맞는 말이다. 그리고 정말 필요한 행동들이다. 하지만 묻고 싶다.

당신, 정말로 새벽형 인간입니까?

꼭 새벽형 인간만이 성공하는 것은 아니다. 다만 성공확률이 높을 뿐이다. 그리고 새로운 목표를 가진 사람들은 그 설레는 가슴 때문에라도 아침에 잠이 오지 않는다. 시간은 한정되어 있기 때문에 쪼개서 쓸 수밖에 없다. 새벽 시간을 이용해야 하는 것이다. 이렇게 구체적인 이유가 있고, 행동해야 될 무언가가 있다면 새벽에 일어나는 것이 당연한 일이다. 하지만 그렇지 않은 사람들까지 굳이 새벽에 일어날 필요는 없다.

책에서 혹은 SNS상에서, 내가 좋아하는 작가가 그렇게 하니까, 나의 롤모델의 권유로 어쩔 수 없이 새벽형 인간이 되었지만, 죽을 맛인 사람도 있다. 올빼미형 인간이 남들 따라 가다 피곤만 더할 수도 있다. 그러다가 목표를 이루지 못할 경우 그 실망감은 정말로 크다. 왜 나는 제대로 하는 것이 없을까! 라는 생각도 하게 되고, 결국에는 자존감까지 하락한다.

작은 일이라도 성공 경험이 많은 사람은 어떤 일을 할 때 마음가짐이 다르다. 경험이 있기 때문에 훨씬 더 긍정적으로 할 수 있다. 하지만 내 몸이 힘들고 피곤할 때는 긍정적인 사람도 부정적인 성향을 띠게 되는 게 당연하다. 나와 맞지 않은 목표를 세우고 살아가다가 '나는 할 수 없는 사람'이 되고, 그로 인해 어떤 도전을 하더라도 망설이게 된다.

의외로 이런 사람들이 많다. 자신을 위한 자신의 목표가 아닌 다른 사람들의 목표를 보고 따라하다가 결국 아무것도 못하는 사람이 되어 있는 것이다. 자신의 삶에 대해서 생각하지 않고 좋아 보이는 것들, 남들이 많이 하는 것들을 목표로 설정했을 때 생기는 현상이다. 새벽에 일어나지 못하면 어때? 저녁 늦게까지 하다가 자면 되지.

괜히 남들 따라가다 자신의 패턴도 잊어버리게 된다. 따라하는 것이 좋은 모델이 될 수는 있다. 그런데 그것은 자신이 무엇을 좋아하고 못하고 잘하는지, 자기 자신에 대해서 잘 아는 사람이 자신의 롤모델을 찾아서 따라하면 가능한 것이다. 내가 어떤 사람인지도 모르고 좋아 보이는 것을 흉내 내는 일은 결코 도움이 되지 않는다.

시작하는 것이 두렵다면 그 이유에 대해서 정말 진지하게 생각해봤으면 좋겠다.

이유를 하나하나 적다 보면 두려움에 대한 진짜 이유를 알게 될 것이다. 두려움을 제대로 파악한 다음, 어떻게 해야 하는지 고민해보고, 그 고민을 해결해줄 수 있는 사람을 찾은 다음, 자신의 롤모델을 찾아보자.

그렇게 해도 늦지 않다. 우리는 생각보다 꽤 오래 살게 될 것이다. 아무리 급하다고 아무 곳이나 파서는 안 된다. 제대로 알고 한 우물을 오래 깊이 파는 것이 더 도움이 될 수도 있다.

내가 시작하지 못하는 이유를 가만히 생각해보자.

처음에는 뭔가를 시작하겠다는 의욕이 충만하지만 책에서 혹은 주변에서 성공한 다른 사람들의 목표를 좇아가다가 실패한 경험들이 많을 것이다. 그런 경험들이 많아지면 '나는 할 수 없는 사람'이라고 스스로 낙인을 찍게 된다.

그런데 그 목표가 정말 내가 원하는 목표였을까? 혹시 나는 올빼미형 인간인데 아침형 인간이 되려고 하다가 실패를 연속으로 맛본 것은 아닌가? 진지하게 생각해볼 일이다.

남들처럼 10개의 목표를 세워놓고 그 중에서 1~2개 이룬 결과물을 보고 포기한 적은 없는지, 누구는 다이어트를 한다고 하루에 스쿼트 100개를 한다고 하는데 10개도 겨우 하는 자신을 보면서 한심하다고 생각한 적은 없는지, 한 달에 책 10권을 읽겠다고 했는데 2권도 못 읽은 자신을 보면서 한탄한 적은 없었는지, 생각해보길 바란다. 정말 그 목표가 자신이 원했던 목표가 맞았던 것인지.

다른 사람들의 목표를 좇아서 따라했을 때, 그것이 성공을 했더라도 공허함이 남는다. 결국 내가 이러려고 한 거야? 하는 허탈함이 같이 온다. 그건 내 목표가 아닌 다른 사람의 목표를 보고 흉내 내었기 때문이다. 아무리 아침형 인간이 성공한다고 하더라도 내게 맞지 않는 방법일 수 있다. 그러니까 내가 세운 목표를 보면서 다시 한 번 생각해봤으면 좋겠다. 내가 진정으로 원하는 목표였는가를.

누군가에게 의지하는 게 싫어서

처음 시작할 때 이런 사람들이 있다. 자신이 무엇을 어떻게 시작해야 할지도 모르면서 다른 사람에게 물어보지도 않는다. 스스로 알아서 하겠다는 막연한 생각을 가지고 있는 것이다. 혼자서 책을 보고 혼자서 배움에 도전하기도 한다. 물론 그 방법들이 다 틀렸다는 것은 아니다. 하지만 혼자서 하는 것보다 함께 공유했을 때 훨씬 그 속도가 빨라질 수도 있고, 다른 방법을 찾아볼 수도 있게 된다.

남에게 의지하는 것을 싫어하는 사람들이다. 그냥 한 번 물어보면 되는데, 아니면 자신의 이야기를 하면 되는데, 그게 쉽지 않은 것이다. 자존심과는 조금 다른 문제인 것 같다. 자존심 때문에 묻지 않는 게 아니다. 그냥 그런 사람이다.

이런 사람들을 보면 종종 안타깝다. 혼자서는 아무래도 한계가 있다. 정보를 얻는 것도 그렇고, 자신의 상황을 공유함으로써 얻어지는 것들이 있는데 굳이 선을 긋는다. 남들에게 보살핌을 받는 것 자체를 싫어한다고 하는데, 이는 보살핌과는 전혀 다른 문제다. 이런 사람들은 기도도 하지 않는다. 정말로 자신이 바라는 게 없는 것이 아닌데 작은 것 하나라도 의존하기 싫은 사람들이다.

도움을 좀 받으면 어떤가? 괜찮다. 모르는 것이 있으면 가서 물어봐도 되고, 못하는 게 있으면 그냥 인정하면 된다. 그런 걸로 아무도 무시하지 않는다. 설사 무시한다고 해도 그건 그 사람이 잘못된 것이지 당신이 잘못된 것은 아니다.

50플러스에서 만난 한 선생님의 얘기다.
연세가 대략 60대 정도로 보였다. 대기업에서 임원까지 하고 정년퇴임을 하신 지도 꽤 되신 것 같았다. 하지만 늘 배움의 즐거움을 놓지 않으셨다. 나를 보면 늘 반갑게 먼저 인사해 주시면서 "여나쌤~ 나 이거 잘 모르겠는데, 어떻게 하는 거야?" 하며 친근감 있게 물어오신다. 이렇게 적극적인 분들에게는 안 가르쳐드릴 이유가 없다. 오히려 내 시간을 더 내서라도 그분에게 알려드리고 싶은 생각이 든다.

삶에 대한 방식인지도 모르겠다. 어떤 일이건 적극적으로 하려는 사람에게는 주변인들도 도와주고 싶은 마음이 생기지 적대시하고 싶지는 않을 것이다. 반면 '그냥 내가 알아서 다 할게. 너의 도움은 필요 없어' 라는 태도를 보이시는 분들에게는 어느 누구도 먼저 도움의 손길을 내밀 수가 없다.

자신의 삶에 조금은 더 적극적이었으면 좋겠다. 뭔가 하나를 하더라도 조금은 열정적으로 해도 괜찮다. 다시 시작하는 것이다. 이미 실패의 경험도 있을 것이고, 또 다른 사람보다 더 간절한 사람일 것이다.

나의 간절함을 다른 사람들에게 알려주자. 그럼 분명 내가 생각지도 못한 곳에서 도움의 손길이 올지도 모른다! 삶이 재미있다고 하는 이유가 내가 생각하는 대로 되지 않기 때문이 아닌가! 생각지도 못하는 길로 인도 받을 수 있는 기회를 놓치지 않았으면 좋겠다.

배움에는 부끄러움이 없어야 한다. 이건 누군가에게 의지하는 것과는 다르다. 요즘에는 예전처럼 학벌을 가지고 남을 가르치는 시대는 아니다. 나보다 먼저 시작한 사람에게 선배로서 배움을 얻을 수 있다. 나보다 어린 선생님이라고 우습게 봤다가는 정말로 큰코다친다.

가끔 은퇴하신 분들이 다시 일을 찾으실 때 나이 어린 선생님들의 경험을 낮게 보는 경향이 있다. 딸 같은 선생님, 아들 같은 선생님이라는 친근함을 갖는 건 좋지만, 그들이 정말 내 아들딸이 아니기 때문에 그렇게 대접하면 안 된다. 남들 앞에 서게 된 사람은 분명 그 이유가 있다. 그냥 아무나 하는 것이 아니다. 그러니 나보다 앞서서 해본 사람들에게 존경까지는 아니더라도, 하나라도 더 배운다는 심정으로 다가갔으면 좋겠다.

☆ 완벽하게 준비가 되면
그때 ...

완벽함이라는 것은 없다. 어느 것을 선택하더라도 늘 선택하지 않은 것에 대해 후회와 아쉬움은 있기 마련이다. 그러니 한 번 선택하면 뒤돌아보지 말고, 지금 내가 처한 상황에서 최선을 다하는 게 가장 좋다는 말을 많이 하는 것이다.

누군가가 뭘 같이 해보자고 제안했을 때 "잠시만, 준비 좀 하고…" 하며 뜸을 들이는 사람들이 있다. 예를 들어 "우리 같이 공동주제로 책을 한번 써보자!" 라고 했을 때, "나는 아직 준비가 안 됐어" 하며 시작조차 하지 않는다. 언젠가는 쓸 예정인데, 아직은 아닌 것 같다며 계속 미루는 것이다.
그러고는 '책쓰기 수업'을 알아보거나, 책에 관련된 다른 정보들을 찾느라 시간만 보낸다. 아무 준비 없이 덤벼들라는 말은 아니다. 적절한 준비를 한 후 시작하는 것이 가장 좋기는 하다. 하지만 이런 사람들은 자신이 생각하는 완벽한 시작 시점이 왔을 때 시작하겠다고 한다. 물론, 완벽한 시작은 없다.

차라리 불완전하더라도 시작해서, 하면서 수정해 나아가는 게 방법 중 하나다. 그러면 이 사람은 최소한 시작이라도 한 사람이 되는 것이다. 완벽을 원하는 사람은 머릿속에서 수많은 성을 지었다 부쉈다를 반복하다가 결국에는 시작도 못하는 사람이 될 가능성이 매우 크다.

그리고 이런 사람일수록 부정적인 생각이 아주 강하다. 그래서 스스로 할 수 없는 이유들을 찾으려고 한다. 지금은 '~ 때문에 할 수 없어' 라는 생각. 아직 준비가 되지 않았다는 말은 하기 싫다는 표현이거나, 할 수 없다는 말로 이해하는 게 더 맞는 것 같다. 괜히 준비가 안 되었다는 핑계는 대지 말자. 대신에 왜 지금 할 수 없는지 그 이유에 대해서 생각해보자. 그리고 그 이유가 정말 맞는지도 고민해보고, 안 되는 이유들이 있다면 어떻게 하면 할 수 있을지를 먼저 고민하는 것이 시작할 수 있는 방법이다.

내가 할 수 없다고 하면 할 수 없는 것이다. 하지만 누군가가 이끌어줬을 때, 못 이기는 척 따라가는 것도 한 방법이다. 그 흐름에 맞춰서 흘러가면 되는 것이다. 나도 이런 경험이 있다. 1년 살기 모임에서 다 같이 공동저자로 책쓰기를 해보자고 했다. 다들 반응은 똑같았다. 나는 할 수 없어요, 아직은 준비가 안 됐어요, 쓸 말이 없어요, 라는 것이 첫 번째 대답이었다. 하지만 뜻을 모았고, 시작을 했다. 마감일을 1차, 2차, 3차로 해서 세 번을 정했다.

다들 정말 쓸 줄은 몰랐을 것이다. 이제는 때가 되었다고 하니, 울며 겨자먹기로 참여한 사람들도 분명 있을 것이다. 첫 번째 초고 마감일 전날 개인톡으로 연락을 준 사람들이 있었다. 물론 그 전부터 수많은 고민을 했던 사람들이라는 것을 나는 잘 안다. 그리고 처음 책을 써보는 사람들이라 당연히 쉽지 않다는 것도 잘 안다. 나는 그분들께도 너무 잘하려고 하지 말고 지금까지 해왔던 것처럼만 해보라고 했다. 그리고 그냥 전체적인 흐름에 맞춰서 흘러가 보라는 조언을 해드렸다.

마감 일정보다 늦을 것 같다는 연락을 몇몇 분들에게 받았지만, 우리는 초고를 마칠 수 있었고, 그 이후 세 번의 수정을 거쳐 원고를 완성하고 《다시, 시작합니다》라는 근사한 책을 출간했다.

만약 누군가 한 명이라도 좀 더 완벽하게 쓰기 위해서 "글쓰는 방법부터 배워볼게요"라고 했더라면 이 책을 완성할 수 없었을 것이다. 그러나 어찌 되었든 시작했고, 시작하면서 관련 책들을 읽어보기도 하고, 관련 수업들도 개인적으로 들으면서 공부한 친구들도 있다. 종이 한 장을 채우려고 수많은 책들을 읽었고, 관련 영상도 찾아보면서 나름 공부를 한 것이다. 그렇게 해서 완성되었다.

세상에 '완벽한 준비'라는 것은 절대적으로 없다. 완벽하다고 해도 그 완벽이 정말 진짜 완벽은 아닐 것이다.

우선 시작하자! 그것이 정답이다. 어설프게나마 시작해서 움직여야지 일은 진행된다. 그리고 그 다음에 수정할 것을 생각하고, 어떻게 하면 더 잘할 것인지 고민하면서 나아가자.

"시작이 답"이라는 말이 괜히 자주 나오는 건 아니다.

☆ 지금의 내 상황이
안 돼!

"지금 나의 상황과 처지가 나를 할 수 없는 사람으로 만들어!!!"
지인이 울면서 내게 했던 말이다. 그녀의 이야기를 들어보면
자신은 꿈도 많고 하고 싶은 일도 정말 많은데, 할 수 없다는
것이다. 지금 자신의 상황만 좀 나아진다면 뭔가 시작할 수 있
을 것 같은데, 상황은 나아지지 않고, 언제까지 이런 생활을 계
속해야 할지 몰라서 눈물만 나온다고 그녀는 고백했다.

맥주 한잔의 탓인가 그녀의 울음은 그칠 줄 몰랐다. 그렇게 한
참을 울게 놔두었다. 그때는 그녀에게 제대로 조언을 해줄 상
황이 아니어서 못했는데, 집으로 돌아와서 곰곰이 생각해보니
이런 이야기를 해주고 싶어졌다.

"울고 있지만 말고 왜 할 수 없는지를 생각해봐. 그리고 앞으로 일어날 일들을 스스로 통제할 줄 알아야 해. 아무런 생각 없이 그냥 남들에게 네 인생을 맡기지 않았으면 좋겠어. 지금 네가 생각한 일에 'NO' 라는 답변이 돌아오면 그 답변을 그대로 받아들이지 말고, '잠시 멈춰 서서 생각해보라' 는 신호로 들었으면 좋겠어. NO라는 답변은 그만두라는 말이 아니야. 그 방법이 아니니 다른 방법으로 해봐! 라는 의미일 수도 있어. 지금의 네 방법이 다 옳은 건 아닐 수 있으니 NO라는 답변을 들을 수도 있는 거야."

내가 가끔 쓰는 방법이 있다. 잠시 눈을 감고 지금 이 상황을 객관적으로 볼 수 있도록 호흡을 가다듬는 것이다.
상상 속에서 후배를 불러본다. 그리고 왜 NO라는 답이 나왔는지 이야기해본다. 그리고 이런 똑같은 일이 내가 아닌 후배에게 일어난 일이라면 어떻게 조언을 해줄 것인지 이야기해보는 것이다. 내 일이 아닌 다른 사람의 일이라고 하면 조금은 거리를 두고 그 일을 볼 수 있기 때문이다.

1년 살기 모임에서는 이런 방법을 쓴다. 먼저 자신의 인생을 되돌아보게 한다. 그리고 다른 사람들 앞에서 자신의 인생 이야기를 하면서 자신이 꿈꾸는 것을 발표하도록 한다. 그렇게 하는 이유는 어떤 인생이건 되돌아봤을 때, 굴곡 없는 인생은 없다. 그런 굴곡들을 우리는 의외로 잘 견뎌왔다는 것을 알 수 있다. 특히 다른 사람들 앞에서 발표할 때는 그런 이야기를 많이 하게 된다. 실패했다가 다시 성공한 이야기.

아마 당신의 이야기도 마찬가지일 것이다. 우리는 그 이야기를 통해서 자신을 알게 된다. 이미 나는 이것보다 훨씬 더 어려운 일들을 잘 겪어냈다는 것을. 그래서 지금 내게 닥친 일들이 넘을 수 없는 산처럼 느껴지지만 시간이 흘러서 뒤돌아보면 나는 이미 그 산을 넘고 있을 것이다. 우리의 인생이 다 그렇다. 내 앞에 있을 때 그 산이 크게 보이지만 그 산을 지나고 나면 앞에 있는 산 때문에 작게 보인다.

그냥 포기만 하지 않으면 된다. 세상에서 가장 후회되는 일이 "내가 그때 포기하지 말걸…" 하는 후회라고 한다. 할까 말까 고민하다가 하지 않았다면 그나마 덜 후회하는데, 시작했다가 포기하는 것은 정말 나 자신을 때려주고 싶을 정도로 막심한 후회가 생긴다. 더 심한 건 내가 포기한 일을 누군가가 성공시킨 모습을 보는 것이다. 그때의 좌절감은 정말로 오래간다. 제발 그런 후회는 하지 않기를 바란다.

돌아간다고 슬퍼하지 않았으면 좋겠다. 내가 생각했던 길이 지름길이 아니라 막힌 길일 수도 있다. 그리고 정말 대단하고 중요한 일들은 하루아침에 쉽게 된 것이 없다. 오랫동안 숙성되어야 하고, 아픔을 겪어야만 아름다운 진주가 탄생되듯 나의 일도 그렇게 만들어지는 것이다.

3. 도전

그럼에도
불구하고,
시작하기

울면서라도 앞으로 한 발 내딛어보는 힘

앞서 당신이 시작할 수 없는 이유들에 대해서 살펴봤다. 정말 그 이유 때문에 시작하지 못하는 것인지 다시 한 번 묻고 싶다. 다시 시작하기 위해서는 다른 대안이 없다. 우선 시작해야 한다. 어떠한 상황이 닥쳐와도 내가 할 수 없다고 느끼더라도 그럼에도 불구하고 시작해야 한다는 것이다. 그래야 무언가 다른 대안이라도 생각해낼 수 있다.

나는, 시작해야 하는 이유보다 하지 말아야 하는 이유들이 더 많았다. 가장 마음에 걸리는 건 역시 아이였다. 활동하려면 아이를 여기저기 맡겨야 한다. 가까이에 친정엄마와 동생들이 살고 있기는 하지만, 그래도 눈치 보일 때가 더 많다. 우리 아이만 남의집살이 하는 것처럼 매번 이집 저집에 맡겨진다. 하루는 친정엄마가 내 딸에게 "너는 참 불쌍하다" 라는 말을 하는 것을 듣고, 집에 와서 속상해서 펑펑 운 적도 있었다.

나를 가장 잘 이해해줄 것 같은 엄마조차도 나를 그렇게 보는구나, 라는 생각에 목이 메었다. 그리고 진짜 내가 아이를 잘못 키우고 있는 건 아닌가, 아이를 여기저기 돌리기만 하는 건 아닌가, 하는 반성도 하면서 아이를 꼭 끌어안았다. 아마 아이 엄마라면 이런 상황에 많이 처하게 될 것이다. 그럴 때마다 내가 이 일을 그만둬야 하나? 하는 생각을 매번 하게 된다. 아직은 준비 단계라 큰돈을 버는 것도 아닌데 일이 많아 몸만 바쁘게 움직이게 된다면 더하다.

가장 마음이 아팠던 건 1년 살기 모임 초창기 때였다. 모임의 리더이니 나는 가장 먼저 나가 있는다. 아침 9시에 시작되는 모임이지만 7시면 강남에 도착해서 그날 모임을 어떻게 진행할 것인지 구상하고 여러 가지 준비를 한다. 그런데 남편도 그날 일이 있는 경우 아이는 새벽같이 친정집에 맡겨진다. 새벽 5시반쯤 잠든 아이를 안고 가서 친정엄마 침대에 넣어두고 살며시 문을 닫고 나오면서 여러 가지 생각이 드는 것이다.

대부분의 멤버들이 엄마라 나와 같은 사정인 사람들이 많다. 아이를 맡길 곳이 없어서 모임에 나올 수 없다는 분들에게 "데리고 나오세요. 그런 일로 포기하면 안 되죠. 자꾸 아이 핑계를 대면 그것도 버릇돼요"라고 하면서 정작 내 아이는 데리고 오지 못한다. 아무래도 진행을 보고 모임을 이끌어가는 데 있어 아이가 있으면 신경이 쓰여서 잘할 수 없기 때문이다.

정말 그럼에도 불구하고, 이 모임을 계속 진행했다. 지금 3년 차인데 한 번도 빠진 적 없이 계속 해오고 있다. 나라고 빠져야만 하는 상황이 없었겠는가! 그렇게 내가 열정을 다해서 이 모임을 유지하려고 했기 때문에 지금까지 끌어올 수 있었다. 12월이 되면 우리는 각자 자신에게 상을 주는 수여식을 한다. 그때 나는 나에게 '그럼에도 불구하고 상'을 주었다.

울면서라도 앞으로 한 발 내딛지 않으면 언제까지나 제자리걸음이다. 지금 내 모습이 아니라는 생각이 든다면, 무언가 바꾸고 싶다면, 시작하자. 정말로 몇 번을 이야기해도 이만한 답이 없다. 시작! 그것이 답이다.

☆ 두려움 안고 가기

다시 시작할 때 가장 어려운 것은 두려움을 받아들이는 일이다. 처음 도전하는 것도 아닌데 왜 두려운 것일까? 생각해보면 처음이 아니기 때문에 두렵다. 다시 도전한다는 것은 이미 한 번이나 그 이상의 실패 경험이 있다는 말이다.

한 번 넘어져 본 사람은 그 아픔이 얼마나 큰지 안다. 그래서 두렵다. 발을 떼려고 하다가도 그 전에 다쳐봤던 생각이 난다. 나이라도 어리면 용감 무식하게 나서볼 텐데 이제는 그러기에도 뭔가 걸리는 것이 많다. 그래서 더 어렵다. 자꾸 되는 이유보다 안 되는 이유들이 더 많이 들어온다. 자기계발서에는 두려움은 떨쳐버리는 것이라고 나온다. 그런데, 어떻게 떨쳐 버려야 할지 정말 모르겠다.

매번 새로운 도전을 하고 있는 나 자신도 늘 두려움에 망설인다. 이제는 익숙해질 만도 한데, 두려움은 익숙해지는 것이 아닌가 보다. 새로운 도전을 할 때마다 두려움도 새롭게 다가온다. 지난 번에 넘어져 다친 곳을 또 다칠까 봐 전전긍긍하기도 한다. 어떻게 넘어져도 늘 마음은 다치는 것 같다.

늘 다치는 마음이라 이번에는 좀 가볍게 넘어갈 줄 알았는데, 그 전보다 더 아플 때가 많다. 그럴 때마다 "다시는 하지 말아야지!" 다짐을 하기도 한다. 하지만 고질병은 오래가지 못하는 것 같다. 넘어졌다고 누워 있는 것보다 툭툭 털고 일어나는 게 더 낫다는 것을 알면서도 한동안 일어서지 못하고 누워 있기도 한다. 그런데 누워 있다 보면 주변에서 걷는 사람들이 보인다. 자기 삶에 최선을 다하는 사람들이 보인다. 그러면 그들 덕에 나도 마음을 잡고 일어난다. 그래서 어떤 사람들이 내 옆에 있느냐가 정말 중요한 것 같다.

첫 책이 나오고 나서 방송작가님에게서 연락이 왔다. 강연 프로그램인데 15분 동안 사람들 앞에서 한 주제를 가지고 강연을 해달라는 내용이었다. 순간 나의 머릿속에 되는 이유보다 안 되는 이유들이 더 많이 떠올랐다. 그렇게 짧은 순간 어쩌면 그렇게 많은 생각들이 떠올랐는지 모를 일이다. 방송에서 자칫 실수했다가는 전국적으로 망신을 당할지도 모른다. 방송을 통해서 강연을 한다는 부담감이 나를 짓누르기 시작했다. 지인들이 볼까 봐 두려웠고, 많은 사람들 앞에서 덜덜 떠는 내 모습을 보여주는 것이 두려웠다.

실은 거의 20여 년 전에 방송에 출연해서 크게 망신을 당한 적이 있었다. 그때 나는 뮤지컬을 너무 좋아하다 못해 뮤지컬 배우가 되고 싶다는 꿈을 꾸고 있었다. 지금은 프로그램 이름도 기억 나지 않지만, 뮤지컬 배우 최정원 씨를 꿈꾸던 사람들끼리 나와서 경쟁했는데, 나는 긴장을 많이 한 탓에 무대에서 제대로 하지도 못하고 춤을 추다 넘어져서 결국에는 피를 봤다. 무릎이 아픈 것보다 많은 사람들 앞에서 넘어졌다는 사실이 창피했었다. 20대 초반, 다른 사람들의 시선을 많이 신경 쓰던 때였다. 거의 20년 동안 잊고 살았는데, 그때의 악몽이, 통화하는 순간 떠올랐다. 사람의 기억력이란… 정말 대단하다.

그런데 나는 그녀의 제안에 오케이를 해버렸다. 나에게 온 기회일지도 모르는데 두렵다는 이유만으로 그 기회를 놓치기가 싫었다. 그리고 나 또한 누군가에게 도움이 되고 싶었다.

우선, 가장 먼저 나와 같이 '내 인생에 다시없을 1년 살기'라는 모임을 하고 있는 사람들에게 희망을 주고 싶었고, 또 경력단절 여성들에게 조금이나마 나와 같은 사람도 이렇게 열심히 노력하고 있다는 것을 알려주고 싶었다. 만약 나 혼자만을 생각했다면 분명 제안을 거절했을 것이다. 하지만 나뿐만 아니라 내 주변 사람들과 내가 정말 힘이 되고 싶은 사람들을 생각하니 해야만 할 것 같았다. 그래서 겁 없이 도전하게 되었고, 나는 방송에 출연했다.

녹화날이 다가올수록 긴장도 되고, 내가 이걸 왜 한다고 했을까, 작은 후회도 했다. 그래도 이미 한다고 약속한 일이니 취소할 수 없었다. 자면서는 방송에 나가서 망신당하는 꿈도 꾸었다. 갑자기 아무것도 생각이 나지 않아서 어버버 하다가 내려오는 꿈을 꿀 정도로 신경이 쓰였고, 나는 혼자 있다가도 계속 이불킥을 하며 후회를 했다.

그리고 녹화날, 떨리는 마음으로 무대에 섰고, 대본도 없이 15분 동안 강연을 했다. 그날 나는 두려움에 관한 질문을 받았다. "무언가 시작하려고 할 때 늘 항상 두려움에 시작하지 못하곤 합니다. 작가님께서는 어떻게 두려움을 극복하시나요?"

"저도 늘 시작할 때는 두려움이 앞섭니다. 두려움을 떨쳐버려야 한다고 하지만 어떻게 해야 할지 모르겠더라고요. 그래서 그냥 두려움을 안고 가기로 했습니다. 두렵고 나약한 내 모습을 그대로 인정하면서 그럼에도 불구하고 한 발 나아가다 보니, 그 두려움은 설렘으로 바뀌더라고요. 제가 강연을 시작할 때는 많이 떨리고 두려웠는데, 이제는 여러분들의 눈을 마주칠 만큼 괜찮아졌어요. 그리고 지금은 솔직히 설렙니다. 하길 잘했다는 생각이 들었어요. 그럼에도 불구하고 시작하는 수밖에 없는 것 같습니다."

정말 그랬다. 어느새 두려움은 설렘으로 바뀌어 있었다. 방법은 그럼에도 불구하고 시작하는 수밖에 없다. 뭔가 다른 대안이 있는 게 아니라 시작이 정답이다. 트라우마처럼 남았던 나의 기억들도 지금은 잊혀졌다. 참 웃긴 게 끝나고 나니 살짝 아쉬움이 남았다.

"더 잘할 걸….'

얼마 전까지만 해도 20년 전 기억 때문에 사람들 앞에서 실수할 것을 겁내했던 내가 지금은 더 잘하지 못하고 온 것에 대한 아쉬움을 갖고 있다. 그리고 만약에 또 다시 방송 제안이 온다면 그때는 더 잘해보고 싶다는 욕심도 들면서 "하니까 재미있네…" 라는 생각까지 하게 되었다.

만약에 내가 두려움 때문에 시작하지 못했다면 나는 아마도 평생 20년 전의 트라우마에 갇혀 있을지도 모른다. 그리고 계속 그것은 아쉬움으로 남았을 것이고, 하지 않았던 것에 대해서 후회했을지도 모른다.

지금은 후회는 없다. 하고 나니 개운했고, 그럼에도 불구하고 도전했던 나 자신에게 칭찬해주고 싶다. 그때 그 작은 산을 넘었기에 나는 도전에 대한 재미를 알게 되었고 덕분에 또 다른 산을 넘을 계획을 세우게 되었다.

☆ 작은 도전부터
해보기

육아를 할 때, 아이에게 작은 성공의 기쁨을 느낄 수 있도록 하는 것이 좋다고 한다. 이 말이 꼭 육아에만 적용되는 것은 아니다. 무언가를 시작할 때도 이 방법이 참 좋다.

나는 언어 배우는 것을 좋아한다. 하지만 내게는 영어 울렁증이 있다. 중학교 다닐 때부터 공부한 영어, 나는 그냥 영어가 어려웠다.

학원을 다녔더니 영어를 가르쳐주는 것이 아니라, 영어 공식을 알려주었다. 이 단어가 나오면 답은 이거야, 하는 식으로 문제를 읽고 해석하기보다, 어떻게 찍어야 답을 잘 맞추는지에 대해서 배웠다. 그래서 나는 영어를 아주 못하는 편인데도 시험을 보면 딱 커트라인 점수까지는 갔다.

그런 내가 언어는 한 개정도 마스터 해야겠다고 생각한 때가 있었다. 일본어를 시작했다. 쉬울 것 같았다. 문법이 우리말과 비슷해서 단어만 외우면 될 것 같았다. 막상 공부를 시작해보니 생각했던 것처럼 단어만 외워서 되는 건 아니었지만, 그래도 처음에 쉽게 생각해서인지 어려워도 계속할 수 있었다.

그렇게 시작한 일본어는 나의 전공이 되어서 대학과 대학원까지 가게 되었다. 일본어를 공부하니 어느 순간 중국어도 대략 이해가 되었다. 일본한자와 똑같지는 않아도 비슷한 한자들이 있어서 중국어에도 호기심이 생겼다.
혼자서 중국어를 익히기 시작했다. 그러다 다시 영어를 보니 예전에 어렵게만 생각되었던 영어가 그렇게 어렵지 않았다.

일본어 중국어를 공부하면서 다시 영어에 관심을 갖게 된 것이다. 다른 언어들도 잘하는 건 아니지만 흥미 있게 보고 있다. 내가 만약 일본어를 공부하지 않았다면 언어에 관심도 안 생겼을 것이고, 이렇게 많은 언어들을 배우려고 노력하지도 않았을 것이다.

그냥 단순히 흥미가 있어서 하는 공부가 아니다. 한 가지 언어를 공부해본 경험이 있기 때문에 그 다음 언어를 시작하기에 힘들지 않았던 것이다. 이게 굳이 언어에만 적용된다고 생각하지 않는다. 어떤 일에서건 이 원리가 작용되는 것 같다.

나는 앞에 나가서 말하는 것을 좋아하는 사람이 아니었다. 의외로 쑥스러움을 많이 타는 성격이고 내성적인 면도 강한 사람이다. 그런데 1년 살기 모임을 진행하게 되면서 앞에 설 수밖에 없는 상황들이 생기자 익숙해지기 시작했다.
1년 살기 모임에서는 발표를 시킨다. 다들 처음에는 어색해하던 발표시간인데, 이제는 많이 해봐서 그런지 익숙해진 모습이다. 그리고 발표를 즐겨한다. 남들 앞에 서는 것이 어색한 게 아니라, 예전보다 훨씬 더 자신감 있는 모습으로 말을 한다. 발표를 시키지 않았으면 어쩔 뻔했을까 할 정도로 잘한다.

이 모임을 통해서 나는 남들 앞에서 말하는 직업을 갖게 되었다. 이런 작은 일들이 모여서 결국에는 일로 연결된 것이다. 그래서 세상은 참 재미있다.

뭐든 시작해보자. 망설여진다면, 작은 도전부터 해보는 것도 좋다. 처음부터 큰 꿈을 향해 나아간다면 지칠 수 있다. 아주 작은 일, 내가 관심 있는 모임에 나가기 시작하고, 조금 더 적극적으로 활동하다 보면 그 안에서 또 어떤 일이 벌어지게 될 지는 아무도 모른다. 그래서 인생은 재미있는 거라고 하는가 보다.

내 인생에 용기가 필요해

'1년 살기' 모임에서는 1년에 3번, 책을 출간한 작가님들을 초청해서 소규모로 강의를 듣는다. 1기 때부터 시작한 건데 너무 좋아서 계속하고 있다.

처음에는 누구를 초대할까 고민이었다. 그런데 그때 누군가가 "지난번에 한근태 님 강의를 들었는데 너무 좋았어요" 라는 이야기를 해줬다. 그분은 책도 많이 쓰셨고, 기업 강의 위주로 나가시는 분인데… 우리 같은 소규모 모임에 참여해 주시겠어? 그래도 한번 이야기를 해볼까? 처음에는 이렇게 시작했다.
한근태 작가님에게 우리의 취지를 말씀드리며 소규모 강의를 부탁드린다는 이메일을 보냈다. 그랬더니, 웬걸!!! 그분께서 좋은 취지로 모이는 사람들이 궁금하시다며 승낙해주셨다.

그래서 우리는 12월 모임에 한근태 작가님을 모시고 좋은 강연을 들을 수 있었다. 그리고 《습관 홈트》의 이범용 님, '피자헛'의 성신제 님, 《난생처음 토지 투자》의 이라희 님, 《체인지업》의 서성미 님을 섭외해서 우리들만의 강의를 들을 수 있었다. 대규모 강의장에서 많은 사람들 사이에서 듣는 그런 형식과 달리, 우리의 모임은 소규모로 진행되기 때문에 우리에게 알맞은 맞춤형 강의를 직접 들을 수 있는 강점이 있다. 돌아가며 차근차근 질문하고 답을 들을 수 있다는 것도 참 좋다.

이번에는 어떤 분을 모시면 좋을까 고민하던 중, 1년 살기 멤버 중 한 분이신 하람 님이 추천을 해주셨다.
동서에게 선물 받은 책을 읽고 처음으로 그 작가의 강연을 찾아가서 들을 정도로 그분의 책과 강연에 푹 빠졌다며 추천해주시길래, 하람 님이 직접 한번 섭외를 해보면 어떻겠냐고 제안했다.
그녀는 "제가요? 어떻게요? 작가님이 해주실까요?" 라며 다소 자신 없는 모습을 보였다. 그래서 그동안 우리가 강사님들을 섭외하기 위해서 해온 노력들에 대해 말해주었다.

"저희도 마찬가지였어요. 한근태 님도 워낙 유명하신 분이시라 섭외가 어려웠고, 성신제 님은 더더욱 말할 것도 없고요. 하지만 꾸준하게 우리의 좋은 취지와 꼭 뵙고 싶다는 의지를 보였고, 결국에는 꽤 오랜 시간이 걸려서 승낙해 주셨습니다. 한번 해보시고 너무 힘들면 무리하지 않으셔도 괜찮아요~."

그리고 나는 몇몇 후보들을 머릿속에 그려놓았는데, 그녀에게 카톡을 받았다. "자신 없지만 한번 해보겠습니다!!" 라고 했던 그녀가 해낸 것이다. 《미라클 라이팅》을 쓰신 강현순 작가님을 섭외한 것이다!!!
"와우~ 정말 멋지세요!!! 거 봐요! 해내실 줄 알았어요!!!"
꼼꼼한 하람 님은 내게 여러 가지 질문을 했다. 그녀답다. 꼼꼼하면서 빈틈없는 그녀의 성격이 여지없이 나타난 것이다. 믿음의 그녀는 섭외를 위해서 기도도 열심히 하신 것 같다. 그런 모습을 아시고 하나님께서 그녀의 기도를 들어주셨다. 역시… 멋진 그녀다.

하람 님은 내 덕분이라고 했지만, 전혀! 오히려 나는 그녀 덕분에 정말로 모임이 풍성해지게 되어 너무 감사했다. 한 번도 누군가를 섭외해본 일이 없었는데, 그녀는 이번 기회를 통해서 좋은 경험을 한 것 같다며 수줍어했다. 그녀와 통화를 하면서 나는 오늘의 이 기분을 잊지 말라고 했다. 섭외라는 것이 쉬운 일 같지만 절대 쉬운 게 아니다. 많은 정성을 보여야 하고, 우리의 취지를 정확히 설명해야 가능한 것인데, 그녀의 능력으로 우리는 또 한 분의 작가 섭외를 해낸 것이다. 하람 님 덕분에 그 후 우리의 모임은 더욱더 풍성해졌다.

"어떻게 섭외하게 되었어요?" 라는 질문이 그녀에게 이어졌고, 그녀는 자신의 방법을 다른 분들께 전해주었다. 그녀를 통해서 우리는 용기 내는 법을 배웠다.

섭외된 작가와 전문가들이 너무 많아서 오히려 그들이 줄을 서게 되었다. 내년 강연까지 이미 예약이 되어 있어서, 정말 내후년에나 가능할 정도가 되었다. 이제는 섭외력들이 너무 좋아져서, 우리는 서로에게 "아~ 아쉽지만 내후년에 꼭 들을 수 있도록 친분관계 유지해주세요~" 라는 말을 하게 되었다. 정말 행복한 비명이다.

한 사람의 용기로 인해 많은 사람들이 더 적극적으로 변할 수 있었다. 다른 사람들에게 좋은 영향력을 끼치는 수많은 장점을 가진 그녀는 분명 이번 일을 시작으로 뭔가 해낼 것이다. 믿음은 아이들만 성장시키는 게 아니다. 옆에서 응원해주고 북돋워주는 것만으로도 할 수 없다고 생각했던 일들이 가능해진다. 이런 것이 삶의 미라클 아닐까? 그녀는 용기를 냈고 그 용기를 통해서 미라클을 만들어냈다. 인생은 이렇게 용기를 내는 자에게 기회를 주는 것 같다.

누군가는 "에이 뭘 그런 걸로…" 라고 말할지 모르겠다. 하지만 친분이 있었던 것도 아니고 단지 팬으로 사모하는 마음만 있었던 분을 섭외한 것이다. 대단한 용기가 필요한 일이었는데, 그녀가 해낸 것이다.

생각해보면 용기내서 고백한 사람이 혹은 도전하는 사람이 미인을 얻고 어떠한 결과를 얻는 것 같다.

용기는 시작하는 사람에게 꼭 필요한 마음가짐이다. 단 한 번밖에 없는 인생이라고 생각하면 못할 것도 없어 보인다. 용기내고 살자. 기적은 용감한 사람에게 찾아오는 법이다.

☆ 삽질만큼 도움이 되는 것도 없다

인생에 있어서 삽질이 도움이 될까?

나는 무조건 YES! 라는 답을 하고 싶다. 인생에 있어서 삽질만큼 도움이 되는 것도 없는 것 같다. 한 번에 내가 원하는 것을 얻어서 쭉 가는 사람이 몇 명이나 될까? 아마 1%도 되지 않을 것이다. 많은 사람들이 실패를 하면서 자신의 길을 찾아 나선다. 대신 조건이 있다. 그냥 삽질이 아니라 의미 있는 삽질이어야 한다는 것이다. 어떤 길을 선택하든 그때에는 그 나름대로 이유가 있어야 한다. 왜 그 길을 선택했는지 다른 사람들은 몰라도 자기 자신은 알아야 한다.

그러다가 그 길이 아니다 싶으면 다시 돌아오면 된다. 돌아오는 것에 대해서 '포기한 사람' '낙오자' 라는 말은 쓰지 않기를 바란다. 포기하더라도 그 이유가 분명하면 된다. 당시에는 속이 쓰리겠지만, 이유가 있으면 그 속쓰림이 오래가지 않는다. 많은 사람들이 말한다. 실패는 나를 성장하게 한다고. 시작하지 않고 가만히 있는 사람보다는 실패하더라도 시작한 사람이 훨씬 낫다. 최소한 하면 안 되는 방법 하나는 알게 되었으니까!

지금까지 나도 수많은 점들을 찍고 다녔다. 생각해보면 아무것도 하지 않고 그냥 그렇게 보냈던 시간들은 많지 않았던 것 같다. 끊임없이 무언가 배우려고 했고, 그 길이 아니다 싶으면 다시 내려와서 돌아가는 길을 선택하기도 했다. 이런 나를 보고 사람들은 "너무 힘들게 사는 거 아니냐"고 말할지 모르겠다. 그런데 정말 많은 자기계발서에서 말하듯, 많은 실패들이 나를 성장시켰다. 나는 일본에서 아르바이트를 구할 때 거의 100번 가까이 떨어져본 경험이 있다. 일본어를 하지 못했으니 당연했다. 그때는 힘들었지만 그 경험 덕분에 웬만큼 떨어져도 덤덤하게 받아들일 수 있게 되었다.
첫 책을 썼을 때, 나는 출판사에 86번의 이메일을 보냈다. 만약 계속 떨어졌으면 100번까지는 도전해봤을 것 같다.

그렇게 떨어졌기 때문에 글을 여러 차례 수정할 수 있었고 그 책은 다행히 좋은 평가를 받았다. 그리고 그 경험을 통해 나는 지금도 글을 쓰고 있다. 만약 첫 책을 출판하지 못했다면 아마도 그때 글 쓰는 것 자체를 포기했을지도 모른다. 그리고 다른 사람들에게 책을 써보자는 말도 하지 못했을 것 같다. 많은 실패를 해봤기 때문에 방법을 알게 되었고, 출판사의 생리까지도 알게 된 것 같다. 100번째에 성공을 하기 위해서 나머지 99번은 어떻게 보면 삽질이다. 99번 삽질을 했기 때문에 100번째에 성공할 수 있었던 것이다. 의미없는 행동은 없는 것 같다.

그런 길은 없다

- 베드로시안

아무리 어두운 길이라도
나 이전에
누군가는 이 길을 지나갔을 것이고

아무리 가파른 길이라도

나 이전에
누군가는 이 길을 통과했을 것이다

아무도 걸어가 본 적이 없는
그런 길은 없다

나의 어두운 시기가
비슷한 여행을 하는
모든 사랑하는 사람들에게
도움을 줄 수 있기를

지금 내가 하는 일들이 아무런 의미 없는 일처럼 느껴진다면
위의 시를 추천해보고 싶다. 설령 지금은 무의미하게 느껴진다
고 해도 생각해보면 그런 무의미한 일들이 모여서 결국 '나' 라
는 사람을 만드는 것 같다. 내가 나를 돌아봤을 때 지그재그 인
생으로 왔다갔다 한 것 같은데 한참을 지나 위에서 내려다보니
뭔가 점으로 쭉 연결된 느낌이었다. 쓸데없는 짓이란 없는 것
같다. 전혀 다른 길을 간 것 같아도 결국에는 연결이 된다.

일본 유학, 호주 워킹홀리데이도 그랬다. 전혀 다른 나라, 다른 언어권의 나라지만 두 나라에서의 경험이 나에게 큰 힘이 되었다. 친구 따라 면접을 본 내레이터 모델. 돈을 벌 목적으로 아르바이트로 잠시 했지만, 그 덕분에 무대에 서거나 사람들 앞에 설 때 두려움이 덜하다. 호프집 서빙 아르바이트, 커피숍 아르바이트 경험은 일본 야키니쿠 집에서 일할 때 도움이 많이 되었고, 그 경험들은 회사 생활에도 무척 도움이 되었다.

스티브 잡스가 대학교를 중퇴하고 배웠던 것은 글씨체였다고 한다. 어쩌면 쓸데없어 보였을 수도 있지만, 이는 10년 후 매킨토시를 개발해내는데 결정적인 역할을 했다.
정말 스티브 잡스의 말이 맞는 것 같다. 내가 하는 지금의 일들이 나중에 어떻게 연결이 될지 모른다. 그러니까 무엇을 하더라도 하루하루 열심히 살아만 간다면 그것이 지그재그로 이어지든 직선으로 이어지든 내 인생이라는 카테고리 안에서는 연결이 된다. 그리고 내가 한 실패들이 누군가에게 새로운 지도가 될 수도 있다는 것을 시간이 이만큼 흐르니 알게 된다. 정말 인생에서 의미 없는 행동은 아무것도 없다.

나는 3년의 장기계획을 세우고 그것을 쪼개서 1년 계획을 세운다. 그리고 그것을 또 쪼개서 열두 달의 계획을 세우고 한 달, 하루 이런 식으로 해야 할 일들을 적어보는 것으로 하루를 시작한다. 그래야 빠지는 일이 없이 일을 할 수 있다. 이렇게 하다 보니 늘 내가 계획한 것들은 80% 이상 해올 수 있었다.

할 수 없었던 20%를 보면, 할 수 있었지만 늘 우선순위에서 밀려나 결국에 하지 못했던 일들이다. 그 중 하나가 바로 '다이어트'다. 나는 지금까지 한 번도 다이어트에 성공해본 적이 없다. 물론 먹는 것에 약하기 때문이기도 한데, 생각해보면 나에게 다이어트는 늘 후순위였다.

왜 나는 매년 다이어트를 하는 거지? 그건 바로 아이를 낳고 나서 몸이 예전과 같지 않기 때문이다. 얼굴에 살이 없어서 사람들은 나를 마르게 본다. 하지만 의외로 살집이 있다. 키도 있으니 덩치까지 키우면 세상 무서운 것이 없을 정도다.

"에이~ 그 정도면 괜찮아요" 라고 예의상 해준 말을 나는 곧이곧대로 믿어버렸다. 그렇게 믿고 싶었는지 모르겠다. "그래… 이 정도면…" 하면서도 거울을 볼 때마다 마음에 안 드는 것은 어쩔 수 없는 현실이다.

그게 벌써 5년 차가 되었다. 매년 반복했다. "살 빼야 하는데…" "에이~ 괜찮아요" 이러면서 1년을 보냈고, 그게 계속되어 어느새 딸이 여섯 살이 되면서 꽉 채운 5년이 되고 말았다.

그런데 올해는 조금 달랐다. 1년 살기 멤버들과 함께 빼기 시작한 것이다. 단체 톡방을 만들어서 그날 먹은 것과 몸무게를 매일 공개한다. 누군가 매일 나를 지켜본다는 사실이 나를 움직이게 한다. 그리고 결정적으로 바디샷을 찍기로 하고 예약금을 걸어놨고, 또 사진 비용을 빼놨다. 그러니 진짜 하지 않으면 안 된다.

한 달에 1kg씩 빼기로 했는데 힘들다. 먹는 것을 너무 좋아하는 내가 먹는 걸 자제하기란 쉬운 일이 아니다. 다이어트를 시작하니 왜 이렇게 먹고 싶은 것들이 눈에 들어오는지, 갑자기 약속도 생기고, 참 이상하다.

오늘도 나는 저녁에 참지 못하고 과일을 먹어버렸다. 먹으면서 나약한 자신을 보게 되었다.

얼마 전 강의를 하면서 사람들에게 '말하는 대로' 라는 노래를 쉬는 시간에 들려주었다. 그리고 가사를 볼 수 있게 파워포인트로 만들어서 보여드렸다. 다들 하시는 말씀이 노래는 많이 들어봤는데, 가사를 읽어본 것은 처음인 것 같다며, 가사가 참 좋다는 말씀을 해주셨다. 노래에는 이런 가사가 나온다.

그러던 어느 날 내 맘에 찾아온 작지만 놀라운 깨달음
이 내일 뭘 할지 내일 뭘 할지 꿈꾸게 했지. 사실은 한
번도 미친 듯 그렇게 달려든 적이 없었다는 것을 생각
해 봤지. 일으켜 세웠지 내 자신을.

_ 처진 달팽이 〈말하는 대로〉

정말 나는 미친 듯이 달려본 적이 없었던 것 같다. 한 번쯤 독해져볼 만한데, 그러지 못했다. 적당히 열심히 했었다. 남들 보기에 진짜 열심히 사는 것처럼 보이게 살았던 것 같다. 지금 동료들과 같이 인생 샷 프로젝트를 하면서도 독하게 하지 못하고 있다. "나는 원래 먹는 거에 약해" 라는 핑계를 대면서…. 그런데 이 가사가 떠오르면서 약간 억울한 생각이 들었다. '한 번쯤은 미친 듯이 달려봐야 하는 거 아냐?'

나중에 정말 후회할 것 같다. 대충 한 것을 후회하는 것보다 더 못난 짓은 "대충 하지 말걸…" 이라는 말을 하는 것이다.

한 번쯤, 정말 한 번쯤은 독해져보자! 똑같은 후회를 매년 하는 어리석은 사람이 되지 말자. 그래놓고 사람들에게 열심히 살라는 말, 계획 세워서 하면 된다는 말을 하지 못한다. 계속 독하게 살기는 힘들겠지만 한 번쯤이라면 독해져도 괜찮지 않을까! 만약에 내 인생에 있어서 내가 한 번도 미친 듯이 달려본 적이 없었다고 하면 그것만큼 억울한 것은 없을 것 같다. 나에게 그것이 다이어트라는 게 웃기기는 하지만, 이런 작은 것이라도 한 번 성공해보자!!!

★ 내가 포기한 일로
누군가는 성공한다

어떤 일을 시작했다가 포기한 경험이 있을 것이다. 포기했다는 사실보다 중요한 것은 그때 왜 포기했는지를 한번 생각해보는 데 있다. 분명 포기할 수밖에 없는 나름의 이유가 있었을 것이다. 그런데 혹시 그렇게 포기하는 일이 나에게 자주 있었던 건 아닌지, 깊이 생각해볼 필요가 있다.

지인은 책을 쓰고 싶어 했다. 그래서 책 쓰기 수업도 듣고 나름 자신의 생각을 정리하면서 책 쓰는 것에 대해서 엄청난 노력을 했다. A4 용지 80매를 채우려고 책도 많이 읽고 경험을 끄집어 내느라 잠 못 자며 준비를 했다. 그런데 그녀는 결국 책을 내지 못했다. 이유는 처음 써보는 책이기에 본인 스스로 자신이 없어서였다.

그런데 주변에서 그녀에게 하는 이야기가 가관이었다.

"누가 네 책을 읽겠어? 너, 사회에서 성공했니? 남들이 성공했다고 인정해줘? 요즘에 성공한 사람의 책도 볼까 말까인데 네 책을 과연 돈 주고 사볼까?"

이런 이야기를 들으니 더 자신이 없어졌다. 그녀는 원고를 계속 고치고 또 고치다가 "진짜 성공하면 그때 가서 써야겠다" 라며 글을 수정하는 것을 멈춰버렸고, 출판사에 투고는커녕 기획서도 쓰지 않고 포기하게 되었다. 앞으로 그녀가 글을 쓰게 될지는 모르겠다. 그녀가 글을 쓰려고 하면 성공해야 하는 조건이 붙었기 때문이다.

나도 그녀와 비슷한 때에 책을 쓰고 싶었다. 그래서 그녀와 함께 글쓰기 수업도 듣고 내 생각을 정리하면서 처음으로 책이라는 것을 쓰게 되었다. 글쓰기 수업을 들을 때 그녀는 콘텐츠가 좋다는 칭찬을 많이 받았다. 하지만 내 콘텐츠에 관해서는 좋다는 이야기는 듣지 못했다. 어떻게 보면 너무나도 개인적인 이야기가 될 수도 있기에 초보인 내가 그것을 제대로 표현하기에는 많은 것이 부족했을 것이다.

생각보다 더 오랜 시간이 걸려서 나의 첫 책이 완성되었다. 기획서를 작성했고, 그 동안 서점에 다니면서 물색했던 출판사에 이메일을 보냈다. 처음에는 5곳의 출판사에 보냈다. 나름 내 책과 비슷한 책들을 출판한 대형 출판사에 보냈다.

그리고 혼자서 상상의 나래를 폈다. 한꺼번에 다 보냈다가는 여러 곳에서 연락이 오면 힘들어지니까 나름 고르고 골랐다. 지금 생각하면 정말로 김칫국을 제대로 마신 거였다.
그러고는 다른 책쓰기 책에서 나왔던 것처럼 2주를 기다렸다. 대형출판사에서는 연락도 없었다. 메일을 잘 받았다는 말조차 없었다. 약간 실망을 하긴 했지만, 그래도 이때까지만 해도 괜찮았다.

나름 괜찮다고 선정한 출판사에 또 이메일을 보내고 기다렸다. 며칠 뒤 예의상 친절한 메일들이 오긴 했는데 확실한 거절 메일이었다. 그런데 그런 거절 메일도 10곳을 보내면 한 곳에서 올까 말까 했다. 혹시나 하고 메일을 열어보면 "책의 기획 의도는 좋으나 저희 출판사와는 맞지 않은 것 같다"는 말이었다. 진짜 기획의도가 좋아서 그렇게 보낸 건 아닌 것 같았다. 정말 듣기 좋은 거짓말처럼 느껴졌다.

그래서 그 다음 또 10곳에 보냈고, 또 10곳, 또 다른 10곳에 이메일을 보내기 시작했다. 한꺼번에 여러 곳에서 연락이 오면 어떡하지, 라는 헛된 꿈은 지운 지 오래였다. 정말 이 많은 곳 중에 제발 한 곳에서만이라도 연락이 왔으면 좋겠다는 바람으로 점차 바뀌기 시작했다.

떨어졌다는 메일이라도 오면 그나마 다행인데, 그런 메일도 보내지 않는 출판사가 대부분이었다. 오히려 떨어졌다는 메일을 보내준 출판사에게 감사하다는 생각도 들었다. 물론 그 메일은 점점 기운 빠지게도 만들었다. 좋은 소리도 여러 번 들으면 질리는데, 좋지 않은 소식을 매일 듣는다고 생각하면 생각만으로도 의욕은 상실된다.

계속 떨어지는 메일을 받으면서 "대체 뭐가 잘못 되었을까?" 라는 고민을 하게 되었고 그러면서 기획서를 수정하고 원고 내용을 조금씩 수정하기 시작했다. 그때는 몰랐는데, 시간을 두고 읽어보니 읽으면 읽을수록 부족한 부분이 눈에 들어오기 시작했다. 그래서 떨어질 때마다 계속 조금씩 수정을 했다.

얼마나 떨어졌는지 모르겠다. 거의 100곳의 정도의 출판사 이메일을 모아놨었는데, 이제 보낼 곳이 얼마 남지 않았을 때 즈음 한 출판사에서 연락이 왔다. 출판사와 미팅을 잡고 나의 첫 책을 계약하게 되었다.
그러고 나서 세어보았다. 내가 몇 곳의 출판사에 메일을 보냈는지… 메일함을 확인해보니 내가 보낸 출판사는 86곳이었다. 나는 85번을 떨어지고 86번째에 연락을 받은 것이었다.

그리고 신기하게도 그 다음날, 다른 출판사와 연이어 계약을 하게 되었다. 내가 일본 회사에서 12년 정도 근무한 경력을 적었는데, 그것을 보고 기획출판을 의뢰한 것이다. 일본 취업을 하려는 사람들에게 나의 경험을 나눠줄 수 있겠냐는 제안이었다. 그렇게 나의 두 번째 책이 계약되었다.

그 뒤로 나는 책을 기획하고 쓰는 것에 대해서 처음처럼 두려움을 갖지 않게 되었다. 오히려 쓰고 싶은 책들이 너무 많이 생겨서 즐거운 비명을 지르고 있을 정도다. 그 이후로 세 번째 네 번째 출판 계약을 했고, 지금 이 책은 개인적으로 다섯 번째 책이 된다. 가끔 그때 함께 책쓰기 수업을 들었던 지인과 연락한다. 그 지인은 "그때 나도 포기하지 말고 그냥 해볼 걸…" 하는 후회를 한다.

"성공의 반대말은 실패가 아니라 포기다" 라는 말을 많이 한다. 정말 내 경험을 비춰봐도 그런 것 같다. 내가 만약 중간에 포기했더라면, 85번까지 메일을 보내지 않았다면 86번째에 계약을 하는 일도 없었을 것이고, 기획서 수정도 하지 않았을 것이다.

시도조차 하지 않았더라면 후회도 하지 않을 것이다. 포기한다는 것이 가장 억울한 것 같다. 시도해봤고 어느 정도 진행했지만 중간에 그만두게 된 경우이기 때문이다. 더 화가 나는 건 내가 포기한 일로 누군가는 성공한 케이스를 만든다는 것이다.

진짜 몇 번 해보고 절대로 포기하지 말자! 억울해서라도 포기하지 말자! 누군가는 똑같은 이유로 성공할 거라는 상상을 하면서 절대로 포기하지 말자! 그게 당신의 이야기가 되지 않기를 진심으로 바란다.

☆ 기회는 만드는 만큼
찾아온다

누군가 그랬다. 인생에 있어서 기회는 세 번밖에 없다고⋯. 그래서 준비하고 있다가 나에게 기회가 오면 그 기회를 제대로 잡아야 한다는 것이다.

처음에는 그 말이 그럴싸하게 들렸다. 그래서 내게 세 번밖에 없는 기회가 언제 오려는지 그 기회를 엿보고 있었다. 하지만 내가 생각하는 그 기회는 오지 않았다. 아니, 이미 왔었을지도 모른다. 그런데 내가 그것이 기회인지도 모르고 그냥 스쳐 지나가게 했을지도 모른다. 그렇게 생각하니 그것만큼 억울한 게 없었다. 세 번밖에 없는 기회인데, 그 기회마저 놓치다니⋯.

아니, 어쩌면 나는 이미 기회를 다 써버린 것인가? 왜 내게는 기회라는 것이 오지 않지?? 세 번밖에 없다는 말도 그렇고, 기회를 기다려야 한다는 것도 참 마음에 들지 않는 말이다.

그런데 나는 살아가면서 점점 느낀다. 기회는 인생에 있어서 단 세 번만 있는 게 아닌 것 같다. 기회는 준비되어서 기다리는 자에게 오는 것이 아니라, 내가 준비하면서 만드는 만큼 있는 것이라는 생각을 하게 되었다.

생각해보니 아무도 내게 글을 잘 쓴다는 칭찬을 해준 적이 없었다. 어렸을 때 글쓰기상을 받아본 적도 없다. 그냥 좋아하는 책을 읽고 내용을 정리하면서 자연스레 글쓰기가 시작되었다. 그리고 누가 책을 내자고 나에게 제안을 한 적도 없었다. 그냥 내가 쓰고 내 책을 내줄 출판사를 찾았다. 그렇게 나는 기회를 만들었고, 지금도 계속 그 기회를 만들기 위해 글을 쓰고 있다.

'1년 살기' 라는 모임을 운영하며 우리가 함께 글을 쓸 때도 출판사가 정해진 상태가 아니었다. 우리는 일단 글을 쓰기 시작했고, 그동안 기획서를 만들어서 출판사에 보냈다. 북콘서트도 우리가 하고 싶어서 준비했다. 처음에는 우리끼리 하는 작은 이벤트 정도로만 생각하다가 크게 일을 벌이게 되었다. 누군가가 아이디어를 냈고, 그 아이디어를 가지고 열심히 활동했더니 그런 기회들이 만들어진 것이다. 책도 나오기 전에 북콘서트 할 곳을 두 군데 정했다.

기회는 내가 만드는 만큼 생기는 것이다. 내가 지극히 운이 좋은 사람일 수도 있다. 하지만 나는 그 운도 스스로 만드는 것이라고 생각한다. 운도 운을 만드는 사람에게 따르는 법이다. 나는 앞으로도 나 자신에게 많은 기회를 줄 것이다. 그렇게 재미나게 살고 싶다. 매일 기획서 쓰는 것이 내 일이고 새로운 일을 만들어가며 성장하는 것이 내 삶의 이유가 된다.

내일도 새로운 곳에서 강의를 할 예정이다. 전혀 예상하지 못한 곳이다. 새로운 사람들 앞에서 네 시간 동안 강의를 한다는 사실이 떨린다. 하지만 그 떨림은 내게 설렘도 준다. 가서 실패하면 어떡하지? 하는 두려움도 내심 있지만, 실패하면 그냥 실패하고 오는 것이다. 욕도 먹고 반성도 하면서 다시 잘할 수 있도록 노력하면 되는 것이다. 내일은 내일의 태양이 다시 뜰 것이고, 나는 또 다시 기회를 만들어가며 내 삶을 즐길 것이다.

☆ 하나님의
타이밍

나는 우연을 믿지 않는다. 모든 것이 다 이유가 있다고 생각한
다. 그렇게 생각하면 인생이 훨씬 더 즐거워진다. 그리고 숨은
그림 찾기를 하듯, 어떤 일이 발생했을 때 왜 나에게 그런 일이
생기게 되었는지 고민하고 생각한다.

살면서 늘 좋은 일만 생기는 것은 아니다. 많은 도전을 하면서 인
생을 즐기고 있지만, 나의 그 즐거움이 매일 있는 것은 아니다.
도전에는 실패라는 말이 따라다닌다. 어쩔 수 없다. 그렇게 많
은 도전을 했어도 실패를 하고 나서는 마음이 아프다.

장로님은 내게 하나님의 타이밍에 대해서 말씀해주셨다. 나는
지금이라고 생각하는데, 하나님은 아닌 것이다. 그럴 때는 그
냥 순종하라고 하셨다. 하긴, 그럴 때는 순종 말고는 할 일이

없다. 더 이상 무엇을 하겠는가!!! 지금은 늘 내게 가장 좋은 것을 주신다는 믿음이 필요한 것이다.

나는 기다리는 것을 잘 못한다. 아니 좋아하지 않는다. 생각하면 바로 움직여야 직성이 풀린다. 하지만 나는 기다려!!! 라는 말을 더 많이 듣고 있다. 뭐든 한 번에 성공해본 적이 없고, 늘 기다림에 지칠 때쯤 나에게 작은 선물을 주듯 작은 성공들이 생겼다. 지금 내 모습은 많은 실패 속에서 탄생한 것이다.
앞에서 말한 것과 대조되는 것일 수 있다. 시작은 지금 하는 것이 맞다. 하지만 하늘의 뜻일 경우 기다림이 필요할 때가 있다. 속상하더라도 시련을 통해서 우리는 인생 훈련을 받게 된다.

《하나님의 타이밍》이라는 책을 읽었다. 책에는 요셉의 이야기가 담겨 있다. 요셉은 수많은 역경을 견뎌낸 사람이다. 그는 그 역경을 다 견뎌낸 후 이집트의 총리가 되었다. 그가 이집트 총리가 된 것은 그만한 인재가 되었기 때문이다. 그만한 인재가 될 수 있었던 건 역경을 통해서였다.

솔직히 나는 요셉처럼 기다리는 것보다는 원망을 더 많이 한다. 나에게 오는 역경이 너무나도 힘들어서 늘 좌절하며 입에 불만을 달고 살기도 한다. 그만큼 힘든 일이 많았다. 하지만 나에게는 이런 믿음이 있다. '이것 또한 지나가리라….' 솔로몬의 반지 속에 쓰인 말처럼 어떤 상황이건 간에 평생 이어지지는 않는다. 그리고 그 역경이 지나갈 때쯤 나는 분명 그 전보다 한 뼘 성장해 있을 거라는 것도 안다.

항상 어떤 상황 속에서도 감사함을 잃지 말라고 했다. 다시 시작하기 위해서는 이것도 필수조건 중 하나다. 비록 지금 내가 방황하고 있더라도 나는 지금 이 순간을 감사할 수 있어야 한다. 더 큰 방황이 아님을 감사하고, 그래도 뭔가를 시작할 수 있다는 것에 대해서 감사하고, 죽은 사람들이 부러워한다는 '내일'이 있다는 것만으로도 감사하는 마음을 잊지 말아야 할 것이다.

☆ 나는 어떤 사람으로 기억되고 싶은가

피터 드러커의 책 《비영리단체의 경영》을 보면 이런 이야기가 나온다.

내가 13살 때 종교 수업을 하시던 선생님 한 분이 계셨는데, 하루는 한 사람 한 사람에게 "어떤 사람으로 기억되고 싶으냐?"라고 물으셨다. 물론 우리 중에 누구도 대답하지 못했다. 선생님은 껄껄 웃더니 이렇게 말씀하셨다. "나도 너희가 대답을 할 수 있으리라고는 기대하지 않았다. 하지만 쉰 살이 될 때까지도 대답을 못한다면 그땐 너희가 인생을 낭비한 줄 알아라."

이 질문은 쉽게 대답할 수 있는 질문이 아니다. 하지만 우리가 삶에 있어서 한번쯤 생각해봐야 할 질문이라 생각된다. 이 질문에 답을 찾는 과정이 우리가 다시 시작하는데 도움이 될 것이다. 지금까지 내가 어떤 삶을 살았든 앞으로 나의 묘비에 어떤 말을 남기고 싶은지를 생각해보는 것이다. 그리고 자신이 생각한 대로 삶을 그려나가는 것이다.

피터 드러커는 말했다. "어떤 사람으로 기억되고 싶은가?" 라는 질문이 인생을 바꾼다고 했다. 우리가 누군가에게 기억되기 위해서는 그 사람에게 영향력을 끼치지 않으면 안 된다. 그럼 그 영향력은 어디에서 나오는 것일까? 영향력을 끼치기 위해서는 일관성을 보여야 한다. 자신의 생각이 있어야 하며 그것을 위해서 일관성 있게 꾸준하게 노력하는 사람이 되어야 하는 것이다. 그리고 절대로 생각만 해서는 안 된다. 행동으로 옮기면서 자신만의 강점을 발견하게 되고, 그것이 독자성을 가지게 될 때 우리는 비소로 다른 사람에게 기억되는 것이다.

누군가에게 기억되려고 사는 것은 아니다. 하지만 우리는 그 질문을 통해서 자기 자신을 더 자세하게 들여다볼 수 있다. 이 글을 쓰면서 나에게 질문을 해봤다. 나는 어떤 사람으로 기억되고 싶은가?

나는 '약속을 지키려고 노력하는 사람'으로 기억되고 싶다. 어떤 사람들은 약속을 깨기 위해서 있는 것이라고 한다. 하지만 나는 약속은 무조건 지키는 것이라 생각한다. 혹시라도 그 약속을 지킬 수 없다고 하면 그 일에 관해서 좋은 마무리를 할 수 있도록 책임감 있는 모습을 보여야 한다고 생각한다. 이런 생각을 가지고 있으면 허튼 말을 하지 않게 된다. 말을 신중하게 하게 되고, 생각 없이 결정하지 않게 된다. 그리고 내 말에 책임을 져야 하니 함부로 삶을 살지 않게 된다.

임신했을 때, 아이가 다운증후군 확률이 높다는 판정을 받았다. 엄마로서 아무것도 할 수 없을 때, 오로지 기도밖에 할 수 없었다. 그때 하나님과 약속을 했다. '아이만 건강하게 태어난다면 저의 나머지 삶은 다른 사람을 위해서 살겠습니다'라고.

보이지 않는 신과의 약속. 단둘이 한 약속이기 때문에 슬그머니 잊고 살아도 뭐라고 할 사람도 없다. 하지만 나는 하나님이 계신다는 것을 믿기 때문에 사람들에게 잘 보이기 위해서가 아닌, 하나님과의 약속을 지키기 위해서 산다. 너무나도 힘든 일을 겪을 때마다 그 약속이 나를 붙들어준다.

약속은 나와 하나님 사이의 약속일 뿐만 아니라, 나 자신과의 약속도 된다. 거짓말하는 사람이 되기 싫어서 그 약속 하나 붙들고 산다. 피터 드러커의 말이 맞는 것 같다. "어떤 사람으로 기억되고 싶은가?" 라는 질문에 "약속을 지키려고 노력하는 사람"이라는 답을 했고, 그 답은 내 인생을 바꿔놓았다.

나만 알던 사람에서 타인을 생각하는 사람이 되었고, 세상의 중심이 나였는데, 이제는 그 중심에서 내려오게 되었다. 한 아이를 낳았지만 그 아이를 통해서 세상의 아이들이 눈에 들어오게 되었다. 나만 볼 줄 알았던 사람이 다른 사람들의 아픔도 보이기 시작했다.

분명 하나님은 나를 만들 때, 계획을 가지고 만드셨을 것이다. 내가 어떤 사람이 되기를 희망하면서 나에게 재능을 불어넣어주셨을 것이다. 그리고 그 재능을 자기 자신을 위해서만 사용하는 것이 아니라, 더 멋진 세상을 위해서 그 재능을 어떻게 사용하여 세상에 기여하며 사는지, 그런 꿈을 가지고 만드셨을 것 같다.

마태복음 (25:14~30)을 보면 이런 이야기가 나온다.

어떤 부자가 먼 길을 떠나면서 하인 세 사람에게 재산을 맡겼다. 각자의 능력에 맞도록 한 사람에게는 다섯 달란트를 주고 한 사람에게는 두 달란트를 주고 또 한 사람에게는 한 달란트를 주었다. 다섯 달란트를 받은 사람과 두 달란트를 받은 사람은 그 돈으로 장사하여 돈을 두 배로 불렸다. 그러나 한 달란트를 받은 사람은 땅을 파고 주인의 돈을 고이고이 숨겨두었다.

이윽고 주인이 돌아와서 하인들에게 결과를 듣게 되었다. 다섯 달란트를 받은 하인과 두 달란트를 받은 하인이 돈을 두 배로 불렸다고 보고하자 주인은 두 사람을 칭찬하며 상을 내린다. 그리고 한 달란트를 받은 하인이 땅에 묻어났던 돈을 바치자 주인은 크게 화를 내며 그에게 벌을 주었다는 내용이다.

내가 만약에 하나님이라면 죽어서 심판대에 있는 사람들에게 물어볼 것 같다. "너는 네게 준 달란트를 가지고 다른 사람들을 위하여 어떻게 사용했니?"

내가 몇 달란트를 받았는지가 중요한 게 아니라, 받은 달란트를 가지고 어떻게 사용했는지가 중요하다. 그때 정말로 부끄럽지 않게, 아니 덜 부끄럽게 뭔가 대답할 꺼리가 있었으면 좋겠다. 나의 달란트를 땅에 묻어 두는 것이 아니라, 배로 불려서 사용되어지고 싶다.

이것이 내가 다시 시작해야 할 이유가 되고, 내가 해야 할 일이며, 앞으로도 그렇게 살아야 하는 소명이 된다.

시작하는
당신을 위한
구체적인 방법

나에게 일이란 무엇인가 생각해보기

지금까지 어떤 일을 했었는지 상관없다. 가장 좋은 방법은 내가 지금까지 해왔던 일들의 연장이겠지만, 누군가에게는 정말 내가 좋아해서 했던 일이 아니라 어쩔 수 없이 선택했던 일일 수도 있다. "만약 다시 시작한다면, 다시 내게 새로운 인생이 주어졌을 때에도 그 일을 선택하겠는가?" 라는 질문에 "YES!" 라는 대답이 나왔을 경우에는 그 일을 해야 한다. 하지만 "NO!" 라는 대답을 한다면 신중하게 자신에 대해서 생각해 볼 필요가 있다.

가장 먼저, "왜 나는 다시 시작해야 하는가?"에 대한 자신만의 답을 생각해보길 바란다.
누군가는 자아성취를 위해서라고 할 수도 있고 누군가는 생계를 위해서라고 할 수도 있다. 이유에 따라서 내가 선택할 수 있는 범위가 정해진다. 그렇기 때문에 정말로 진실하게 생각해봤으면 좋겠다.

아주 단순하면서도 중요한 질문이다. 이 질문에 대한 답을 찾는 것만으로도 이미 반 이상 진행되었다고 볼 수 있다. 정말로 진지하게 생각해볼 필요가 있다. "왜" 라는 이유를 알면 어떤 상황에서도 버틸 수 있는 힘이 생긴다.

은퇴한 분의 경우 나이 어린 자녀들 때문에 생계를 위해서 일을 해야 할 수도 있다. 평균 수명이 길어진 만큼 노후를 위해서 다시 시작하는 사람들도 있다. 일이 꼭 돈이랑 연결되지 않아도 어떤 일을 하건 나의 자아를 위해서 일을 하는 사람들도 있고, 이후의 삶을 보람되게 살고 싶어서 일하는 사람도 있다.

다시 시작할 때 좋은 일만 생기는 건 아니다. 어쩌면 좋은 일보다도 안 좋은 일들이 더 많이 벌어질지 모르겠다. 그때 나에게 필요한 것은 '이유'이다. 내가 버텨야만 하는 이유. 그 이유가 없으면 계속 방황하게 되고, 이 길이 맞는 것인지 계속 의심하게 된다.

나에게 일은 '나 찾기'에서 시작되었다. 결혼하고 아이를 낳고 바로 회사를 그만두게 되었다. 처음에는 이것이 나에게 주어진 선물이라 생각했다. 그동안 열심히 산 나에게 주는 선물. 그래서 나는 그 기간을 나름 '안식년'이라는 멋진 이름을 붙였다. 하지만 안식년이 길어지면서 불안해지기 시작했고, 그때 그 불안들을 종교의 힘과 책의 힘을 빌어서 위안으로 삼았다. 그리고 안식년에 걸맞게 나 자신에 대한 연구를 하게 되었다.

앞으로 나는 어떻게 살아야 할까? 라는 질문에서부터 왜 나는 계속 뭔가를 하려고 하는가? 지금 이 상태가 왜 나에게 만족감을 주지 못하고 있는가? 라는 질문을 계속 했다. 나는 태생이 그런 것 같다. 가만히 있는 것을 아주 힘들어한다. 쉰다고 해서 쉬는 것을 즐겨하는 게 아니라, 쉼도 열심히 일한 다음에 잠시 틈을 내서 쉬는 것을 매우 좋아하는 사람이다. 남들에게는 바쁘고 허둥지둥 사는 것처럼 보여도 나는 그런 삶을 좋아하는 사람이다. 뭔가 계획을 세우고 그에 맞춰서 하루하루를 보람되게 보내는 것을 좋아하고, 그 안에서 내가 성장하는 것을 느낄 때 행복감도 찾아온다.

내가 그린 그림대로 똑같지는 않더라도 내 삶이 그 방향으로 나아갈 때, 남들의 시선이나 남들의 영향으로 내가 바뀌는 것이 아니라 내 의지대로 내 삶이 변화될 때, 나는 그것을 정말 좋아하는 사람이었다. 누군가로부터 명령을 듣는 것을 싫어하고, 내가 아닌 타인에 의해서 움직여지는 것을 좋아하지 않는 사람이었다. 이런 내가 좋아하는 일들을 하지 못할 때 무기력에 빠지고, 매우 힘들어하며, 심하게는 우울증까지 걸릴 수도 있는 사람이라는 것을 안식년 동안에 느끼게 된 것이다.

나는 다른 사람들에게 도움이 될 때 매우 기뻐하며, 사람들에게 선한 영향력을 끼치는 사람이 되고 싶어 한다는 결론을 내렸다. 나는 그런 일을 찾기 시작했고, 그것이 나의 사명이 되었으며, 그 일로 경제적 문제가 해결이 되면 내 일에 보람을 느끼게 되는 것이다.

이렇게 나에 대해서 생각해보고 글로 쭉 적어보니 정리가 되었다. 왜 내가 일을 해야 하며, 어떤 일을 하고 싶은지가 글을 통해서 보이기 시작한 것이다. 그래서 그 일을 시작했다.

일을 시작하면서 어려운 점들이 더 많았다. 새롭게 시작하는 일이 내가 해보지 않았던 일이라 두려웠다. 모든 것이 새로운 일들이어서 무엇을 어떻게 시작해야 할지 몰랐다. 방향은 정해졌지만, 그 방향을 향해 어떻게 걸어 나가야 할지 정말 몰랐다.

그 안에서 자꾸 실패한다. 뭔가 되는 것 같다가도 자주 어긋나고 하지 말아야 할 이유들이 계속 생겨났다. 열심히 한다고 하는데, 결과는 없고, 하는 과정도 쉽지 않다. 너무 속상해서 혼자 울었던 날도 많다. 누군가에게 말 못하는 날들이 더 많았다. 계속 해야 하나, 라는 질문과 더불어 이제는 그만하고 싶다는 생각까지 들었다. 그런데 그때마다 나를 잡아준 것이 앞에 적어놨던 글들이었다. "왜 나는 다시 시작해야 하는가?" 라는 질문에 대한 답이 있었기 때문에 나는 포기할 수가 없었다. 또 똑같은 것을 반복하기 싫었고, 계속 후회만 하는 게 싫었다.

성공의 반대말은 실패가 아니라 "포기"라는 말이라고 한다. 나는 나의 사명과 더불어 내가 어떻게 살 때 가장 행복하다는 것을 아는 사람이기 때문에 그렇게 살아야 한다. 지금 힘들다고 이 일을 포기한다면, 다른 것을 시작하는 게 더 어려워질 것 같다. 그래서 조금만 더 해보자! 한 걸음만 더 나가보자! 라며 스스로 위로하게 되었고, 그래서 결과물이 하나씩 만들어지게 된 것이다.

포기할 수 없는 이유를 아는 것은 정말 중요하다. 아마 이 글을 읽는 당신도 무언가 새롭게 시작하려고 할 때, 하지 말아야 될 이유들이 더 많이 생각날 것이다. 분명히 포기할 수밖에 없는 일들이 생길 것이고, 당신이 선택한 일에 대해서 후회하는 일도 있을 것이다. 그때, 당신을 붙잡아주는 그 이유에 대해서 생각해보자. 아프고 힘들지만 견딜 수밖에 없는 이유들을 알아갈 때, 한 발 더 내밀 수 있는 힘이 생긴다.

쉽게 포기하지 말고, 쉽게 멈추지 말자! 오늘 내가 흘린 눈물이 언젠가는 기쁨의 눈물이 되어 나에게 되돌아올 것이다.

☆ 좋아하는 일?
잘하는 일?
하고 싶은 일!

다시 어떤 일을 시작하려 할 때 아마 제일 먼저 하는 고민이 아닌가 싶다. 좋아하는 일을 해야 하나? 잘하는 일? 도대체 어떤 일을 생각해야 하지?

나는 운이 좋았다. 좋아하는 일, 잘하는 일을 해봤다. 20대에는 잘하는 일에 초점을 맞춰서 일을 찾았다. 그리고 30대 때는 좋아하는 일을 생각해서 그 일을 찾았다.

그때도 취업하는 게 쉽지 않다고 생각했는데, 지금 청년들에 비하면 나는 정말로 운이 좋아서 내가 원하는 곳에 취업이 되었다. 고학력 고스펙을 갖고도 취업하기 어려운 현실이다. 좋아하는 일, 잘하는 일을 찾는 것이 아니라 나를 채용해주는 회사를 찾는 것이 요즘 현실이다.

그렇게 2,30대를 보낸 친구들이 결혼하고 아이 엄마가 되면서 경력단절이 되었다. 그리고 아이가 어린이집에 갈 무렵 다시 슬슬 일을 해야 할 것 같은 생각이 들면서 일을 찾는데 어떻게 일을 찾아야 할지 모르겠는 것이다.

좋아하는 일과 잘하는 일에 대해서 생각해본 적이 없다면 더 힘들 수밖에 없다. 나를 채용해주는 곳은 이제 없다. 어딘가 정규직으로 들어간다는 것도 쉽지 않은 게 현실이다.

다시 일을 찾기 위해 내가 좋아하는 일과 잘하는 일 둘 중에서 고민할 때가 있었다. 나름 나에 대해서 잘 안다고 생각했는데, 막상 그것을 일과 연결시키려고 하니 쉽지 않았다. 내가 좋아하는 일은 뭐였더라… 난 무엇을 잘하지??? 그게 일과 연결될 수 있을까?? 라는 고민. 그런데 그때 일이 생겼다. 남편이 회사를 그만두고 자영업을 하려고 시도하고 있었다. 한 살이라도 젊었을 때 해보고 싶다는 마음에 그의 뜻을 존중했다.
그런데 사는 것은 현실이었다. 어느 날 남편이 "다음 달 생활비를 못 줄 수도 있을 것 같아" 라는 말을 했을 때, 나는 지금까지 내가 했던 고민이 얼마나 배부른 고민이었는지 알 수 있었다.

좋아하는 일, 잘하는 일을 찾는 것이 아니라 당장 돈이 되는 일을 찾아야 하는 것이다. 만약 남편과 나 둘만 있었다면 조금 더 고민해봐도 괜찮았을 것이다. 하지만 아이가 있으니 그런 것은 사치였다. 당장 아이를 위해서 돈이 되는 일을 찾아야 했다. 가장 중요한 것은 생계를 유지하는 것이다. 최소한의 생계가 유지된다면 그때는 좋아하는 일, 잘하는 일에 대해서 고민해봐도 좋다고 생각한다.

넉넉하지는 않지만 그래도 생계에 위협을 느낄 정도는 아닌 분들이라면 그 다음 단계인 좋아하는 일, 잘하는 일에 대해서 생각해보면 좋을 것 같다. 추가로 나는 여기에 하나 더 붙여서 '하고 싶은 일'을 넣고 싶다. 좋아하는 일이 하고 싶은 일 아냐? 라고 생각할 수 있겠지만 다르다. 좋아하는 것은 말 그대로 취미처럼 좋아하는 일이다. 취미가 일이 되면 정말로 좋은 일이라고 할 수 있다. 하지만 나는 좋아하는 일은 좋아하는 일로 남겨두었으면 좋겠다.

왜냐하면 좋아하는 일이 정말로 나의 일이 된다면 그 일이 더 이상 좋아하는 일로 남기가 어려워지기 때문이다. 나의 취미를 위해서 혹은 정신건강을 위해서 좋아하는 일은 취미처럼 남겨두는 것이 좋을 것 같다.

대신, 하고 싶었던 일이 무엇인가를 생각해보기를 추천한다. 처음 일을 찾는 것이 아니고 이미 여러 번의 경험이 있다면 이제는 자신이 어떤 일을 해보고 싶은지 생각해보는 것이다. 이럴 때 큰 꿈에 목매지 말고 지금 내가 하고 싶은 일을 생각해보는 것이 좋다. 아주 단순한 일이라도 좋으니 하고 싶은 일을 찾는 것이다. 잘하는 일 좋아하는 일을 찾으려고 하다가 더 어렵게만 느껴져서 실제로는 아무것도 하지 못하는 결과를 낳을 수도 있다.

하고 싶은 일로 내가 시작한 것은 책읽기와 글쓰기였다. 이유도 단순하다. 그동안 책을 못 읽었으니 지금이라도 읽어야 할 것 같아서였다. 아이에 대한 기록도 남기고 싶었다. 그렇게 시작한 블로그는 내게 엄청난 변화를 준 매개체가 되었다.

책을 읽고 그냥 덮으면 나중에 내가 읽었던 책이었나? 가물거
릴 때가 있다. 책을 읽다가 좋은 글귀가 나오면 표시해 두었다
가 블로그에 하나씩 정리하기 시작했다. 누구를 위해서 누구
에게 보여주기 위해서가 아니라 나를 위한 정리가 시작된 것이
다. 그렇게 읽은 걸 정리하고 필사를 하면서 점점 생각의 깊이
가 달라지기 시작했고, 글 쓰는 것에 대한 두려움이 없어졌다.
읽고 정리한 책이 600권을 넘었고, 이제 1000권을 목표로 하고
있다. 그리고 새로운 꿈을 꾸게 되었다. 언젠가는 내 책을 써
보고 싶다는…. 그렇게 꾸준하게 5년간 하면서 습관이 되었고,
그 습관은 나에게 작가 타이틀을 달게 해주었다. 나는 내 이름
으로 된 책을 2권 출판했고, 2권이 나올 예정이고, '1년 살기' 멤
버들과 함께 책을 썼고, 그리고 지금 이 책도 쓰고 있다.

좋아하는 일 vs. 잘하는 일에서 고민하지 말고, 하고 싶은 일이
있다면 그것이 돈이 되든 안 되든 꾸준하게 해보는 것이 중요
하다. 그 일이 나중에 어떻게 나에게 일로서 발전하게 될지 아
무도 모른다. 나 역시 내 이름으로 된 책이 있었으면 좋겠다, 라
는 생각만 했지, 내가 작가가 되리라는 생각은 해보지 못했다.

하고 싶은 일을 할 때 굳이 힘주고 시작하지 않아도 되는 장점이 있다. 꼭 잘해야 해, 라는 마음과 이걸 시작해서 뭔가 이뤄야지! 하는 마음이 없기 때문에 가볍게 시작할 수 있다. 그래서 오히려 더 좋은 결과로 이어질 수도 있다.

하고 싶은 일조차도 모르겠다고 하는 분들이 있을 것이다. 그 분들을 위해 질문 몇 가지를 해보겠다. 앞에서 말했듯이 기본적인 생계문제가 해결되었을 경우다.

다시 제2의 인생을 살게 될 때에는 어떤 일을 하고 싶을까? 이 일을 찾기 위해서 다음의 질문에 답을 찾아보면 좋을 것 같다.

질문 1. 지금 현재 일을 하고 계십니까? 아니면 과거에 일을 했던 경험이 있을 것입니다. 그 일에 만족하십니까? 만족한다면 그 이유는 무엇이며, 만족하지 않을 경우 그 이유는 무엇인가요?

질문 2. 1년 뒤에 죽는다는 것을 알게 된다면 당신은 인생에 있어서 무엇을 바꾸고 싶습니까?

_____

_____

_____

질문 3. 당신은 당신의 아이에게 어떤 인생의 조언을 하고 싶은가요?

_____

_____

_____

질문 4. 죽기 전에 한번쯤 해보고 싶은 일은 무엇입니까? 왜 그 일이 하고 싶은가요?

_____

_____

_____

질문 5. 어떻게 하면 그 일을 할 수 있을까요?

_____

_____

_____

위의 질문에 대한 답을 진지하게 고민해보자. 쉽지 않은 질문이고 아주 오랫동안 생각해야 나올 수 있는 답이다. 혼자만의 시간을 만들어서 조용한 곳에서 오로지 나만을 생각하면서 위의 질문에 대한 답을 적어봤으면 좋겠다. 현자들이 가장 후회하는 것이 "내가 그때 그 일을 했었어야 하는데…" 라고 한다. 우리는 그 답을 알았으니 똑같은 후회를 하지 않았으면 좋겠다.

눈을 감을 때 "내가 그때 그 일을 해서 정말 행복했다. 진심으로 감사하다" 라는 말을 하며 천국으로 갈 수 있기를 희망한다.

☆ 모임 만들어서
함께 해보기

계속 스스로 동기를 부여하면서 힘을 내기는 힘들다. 누구에게나 삶의 권태기가 오듯, 목표를 가지고 움직이더라도 실패하거나 잘 되지 않았을 때, 절망의 늪에서 빠져나오는 게 쉽지 않다. 그리고 계속할 수 있는 힘을 유지하는 것이 보통 힘든 일이 아니라는 걸 느끼게 된다. 그래서 우리는 함께하는 동지가 필요하다.

때로는 내가 그들에게 힘이 될 수도 있고, 그들이 내게 힘이 될 수도 있다. 아무리 끈기가 있다고 해도 나 혼자서 한다면 도중에 쉽게 포기하게 된다. 함께하는 동기들은 나에게 페이스메이커가 되어준다. 마라톤을 할 때 나와 함께 뛰어주는 사람들이 있기 때문에 때로는 그들이 나의 라이벌이 되기도 하지만, 내

속도를 높여주는 효과를 주기도 한다.

나는 그래서 '내 인생에 다시없을 1년 살기' 라는 모임을 만들어서 지금 3년째 운영을 하고 있다. 나처럼 자신의 인생을 후회 없이 보내기 위해서 1년 동안 목표를 정하고 그 목표에 맞게 살아가려고 하는 사람들의 모임이다. 모임을 통해서 우리는 서로에게 여러 가지 도움을 주고받고 있다.

나는 계획을 세우고 그것을 꾸준하게 이끌어가는 것을 잘하는 편이다. 회사생활을 할 때도 늘 계획을 세웠고, 그에 맞춰서 매출을 올리고 다른 사람들과 어떤 협업을 통해서 일을 해야 할지 생각하고 행동으로 옮기는 일을 했었다. 오랫동안 해온 업무였기 때문에 자연스럽게 내 인생에 도입할 수 있었다.

우선, 1년 목표를 세우고 쪼개어 매월 목표를 세웠다. 그리고 그것을 쪼개서 하루 계획을 세웠다. 내가 원하는 방향으로 삶을 이끌었고, 하지 못했을 경우 왜 못했는지, 잘했을 경우 어떻게 잘 하게 되었는지, 스스로 분석하는 힘을 기르게 되었다.

하지만, 슬프게도 다이어트는 다른 영역이었다. 많은 여성들이 시도했다 좌절하고 또 시도했다 좌절하는 그 영역에 나도 진입하게 되었다. 내가 다이어트를 하게 될 줄은 몰랐다. 아이를 낳고 보니 몸이 예전 같지가 않았다. 어떤 옷을 입어도 예전과 같은 맵시가 나지 않았다. 마음에 들지 않으면서도 그냥 내 몸에 익숙해져 갔다.

매년 다이어트 계획을 세워보지만 그게 잘 이루어지지 않았다. 이유를 생각해보니 늘 우선순위에서 밀려나기 때문이다. 그렇게 급하지는 않다는 것이다.

나는 항상 내가 이뤄야 할 목표를 120%로 잡는다. 목표를 이뤘을 때의 짜릿함을 알기에, 그 맛을 잊지 못해 더 그러는 것 같다. 돈만 내면 할 수 있는 운동을 등록하는 게 매년 지키지 못하는 목표가 되고 말았다. 운동할 시간이 없는 건 사실이었으며 가장 듣기 좋은 핑계였다.

그래서 사람들과 프로젝트를 만들었다. 함께하는 사람들이 모두 여성이니 다들 몸매에 관한 비슷한 꿈을 가지고 있었다. 다

같이 인생샷을 한 번 찍기로 했다. 오늘이 내가 살아가는 날의 가장 젊은 날인데, 나의 가장 예쁜 모습을 사진으로 남겨보자는 목표를 설정한 것이다.

같은 목적을 가진 사람들이 카톡방에 모이게 되니 서로에게 좋은 자극이 되었다. 누군가의 아이디어로 매일 아침 몸무게를 잰 체중계 사진을 찍어서 공유하기 시작했다. 그리고 그날 먹은 식단 일지도 공유했다. 처음에 혼자서 할 때는 한 달에 1kg 빼는 것도 어려웠다. 늘 다이어트는 내일부터~ 라는 말에 현혹되기도 하고, 누군가 나를 봐주는 사람이 없으니 혼자서 하다가 혼자서 멈추었는데, 같은 목표를 설정하고 6월 말에 인생샷을 찍기로 하고 금액까지 내고 나니 안 할 수가 없게 되었다.

스스로 이런 상황들을 만들어가니 덩달아 할 수밖에 없다. 첫 달에는 1kg 감량하는 것을 실패했는데 두 번째 달에는 성공하고, 세 번째 달에는 첫 번째 달에 하지 못했던 것까지 2kg을 감량했다. 우리는 서로 선의의 경쟁을 하게 되면서 자기가 원하는 몸을 만들어가기 시작했다.

한번은 누군가가 비포 사진을 올렸다. 요가복을 입고 자신의 모습을 적나라게 볼 수 있는 전신사진과 뒤태사진을 올린 것이다. 그 모습을 보고 나도 집에서 요가복을 입고 사진을 찍어봤고 나의 모습을 정확하게 볼 수 있었다. 그런 다음에는 저절로 집에서 홈트를 하고, 식사를 할 때도 신경을 쓰게 되었다. 벌써 누군가는 5kg을 빼서 자신이 원하는 몸에 가까워지고 있었다. 나는 좋은 자극을 받기 시작했다.

함께하면 이런 효과를 볼 수 있다. 다이어트를 예로 들었지만, 일 찾는 것에도 적용해볼 수 있다. 가장 좋은 자극은 나와 비슷한 사람들의 사례를 듣는 것이라고 한다. 같은 목적을 가진 사람들끼리 모여 있다 보면 방향은 다르더라도 서로 좋은 자극을 받을 수 있다. 내가 생각지도 못한 방법을 알게 될 수도 있고, 전혀 몰랐던 것들을 알 수도 있게 되는 것이다.

사람은 한계가 있다. 알 수 있는 정보에도 한계가 있고, 경험할 수 있는 것에도 한계가 있다. 이 한계를 극복하는 것은 사람들을 통해서 할 수 있다.

내가 다할 수는 없지만, 함께하는 사람들을 통해서 방법을 배우고 익힐 수는 있다. 다이어트건 다시 새로운 일을 찾는 것이건 결코 쉬운 일은 아니다. 그렇기 때문에 더더욱 페이스메이커들이 필요하다. 제대로 된 역할을 하려면 나도 그들에게 페이스메이커가 되어야 한다. 그들이 힘들 때 손을 잡아줄 수는 없더라도 내가 옆에서 뛰고 있다는 것을 보여주면 된다.

힘들 때 누군가 내 옆에 있다는 것만으로도 정말 위안이 된다. 그 역할을 함께한다면 혼자서 하는 것보다 훨씬 더 빠른 속도로 오랫동안 갈 수 있다.

⭐ 경험을 넘어서는 공부는 필수

공부는 다시 시작하려고 하는 사람에게 필수다. 공부하지 않고 경험에만 의존하기에는 세상이 너무나도 무섭게 빠르게 변하고 있다. 세상은 내가 아는 것보다 훨씬 더 빨리 흘러가고 있다. 내가 그 분야의 전문가라 해도 공부는 계속 해야 하고, 끊임없이 해야 하는 것이 공부다.

강의를 하면서 만나게 된 분의 이야기다.

오랫동안 경력단절을 겪으신 그 분은 일찍 결혼하여 아이들이 훌쩍 크고 난 후 자신의 일을 다시 찾고 싶어 하셨다. 50대 중반에 일을 찾으려고 하니 쉽지 않았다. 그녀는 자신이 할 수 있는 일부터 하기 시작했다.

베이비시터라면 할 수 있겠다 싶어서 교육을 받고 자격증을 따서 일을 시작했지만 생각처럼 쉽지 않았다. 노인 케어는 좀 낫겠지 싶어 또 교육을 받고 자격증을 따서 일을 시작했지만 막상 일을 해보니 자신과 맞지 않았다. 또 그만두셨다. 그후 요식업에도 도전했다. 음식 만드는 거라면 지금까지 해왔던 일이니까 잘할 수 있을 거야, 생각하고 요식업을 오픈했지만, 여러 가지 사정으로 1년을 넘기지 못하고 일을 접어야 했다.

여러 가지 일들을 경험한 다음 그 분은 생애설계에 관심이 생겨 수업을 듣게 되었고, 그 수업을 들으면서 자신이 하고 싶은 일을 찾았다. 자신과 같이 50대 여성들이 다시 일을 찾으려고 할 때 방황하는 시간을 줄여줄 수 있다면 좋겠다는 마음을 가지고 그녀들을 위한 일을 하게 된 것이다.

그 분도 자신의 일을 찾기까지 몇 년을 돌고 돌았다. 허송세월이라고는 하지 않겠다. 왜냐하면 그녀가 보냈던 시간들이 결국에는 자신에게 피가 되고 살이 된 시간들이었기 때문이다.

여러 일들을 경험하면서 사회복지 쪽에 관심이 가기 시작했고, 그것을 자신의 일과 연결시켰다. 경력단절 여성, 그리고 노인들을 위한 일을 하고 싶다는 생각과 더불어 사회적 기업을 만들어야겠다는 다짐을 하게 된 그녀는 50대 중반에 사회복지학을 공부해야겠다는 목표를 세웠다. 후년에 대학원에 들어가기 위해 지금은 교수님과 협의해서 학부수업을 듣고 있다.

교수님은 그녀와 나이가 같거나 어리다. 하지만 나이가 어린 선생님이라고 무시하는 것이 아니라, 나보다 먼저 시작한 사람이 스승이라는 생각에 늘 먼저 고개를 숙이며 들어간다. 그 용기가 대단했다. 50대 중후반이면 다시 시작하기 어려운 점들이 많을 것이다. 그 분도 대학원을 결심하기까지 많이 망설였다고 한다. 딸들도 대학원에 들어가고 싶어 하는데 엄마가 먼저 가도 될까? 라는 생각이 가장 컸고, 두 번째는 아무래도 학비가 들어갈 텐데 그 비용을 감당할 수 있을까 하는 생각, 내가 지금 이 나이에 이걸 공부한다고 해서 얼마나 써먹을 수 있을까, 하는 생각이 발목을 잡았다고 한다.

농담반 진담반으로 "와~ 선생님, 대단한 결심을 하셨네요. 쌤, 진짜 오래 사셔야겠어요. 공부한 거 억울하지 않게 다 써먹으

시려면…" 했더니 "만약에 하지 않는다면 더 후회할 것 같아서 시작했어요"라는 말씀을 하셨다.

늦게 시작한 공부의 재미에 푹 빠져 그녀는 피곤한지도 모르겠다고 했다. 딸들보다 더 어린 친구들과 함께 공부해서 그런지 늘 활기가 넘쳐 보였다. 어느 날은 내게 프린트물을 가득 보여주시면서 하나하나 설명을 해주시는데, 그 목소리에 자신감과 더불어 밝은 에너지가 가득 묻어 있었다. 노인복지 쪽은 사실 관심 없는 분야였는데 그녀의 재미있는 설명에 나도 모르게 푹 빠져서 그 이야기들을 듣고 있었다.

다시 시작한 공부가 얼마나 재미있는지, 점점 관심 분야가 넓어지는 것에 대해서 약한 소리를 하시면서도 해야 한다는 의지가 담겨 있었다. 자신의 일을 찾으려고 여러 경험을 했을 뿐인데, 그것들이 하나의 점이 되었고, 다시 공부를 시작하게 되면서 그 분은 제2의 인생을 살고 계신다.
하루하루가 무척 피곤하지만 너무나 즐겁다고 하신다. 다시 20대가 된 것처럼 소녀로 돌아간 그녀는 학구열에 불타서 옆에 있는 사람까지 뜨겁게 만들어주셨다.

우리는 대학을 가려고 고등학교까지 정말로 열심히 공부했다. 그리고 성적에 맞춰 대학에 들어간 후로는 그렇게 열심히 공부하지는 않았을 것이다. 대학을 다니면서도 전공이 나랑 맞는지 열 번은 더 생각해봤을 것이고, 대부분 갸우뚱하면서 졸업을 했을 것이다.

나도 그랬다. 그러다가 내가 공부에 재미를 느끼게 된 것은 대학원을 다니고 부터였다. 진짜 처음으로 내가 좋아하는 공부를 하고 있는 느낌이었다. 이렇게 공부한다면 박사까지도 한번 해봐? 하며 도전의식도 생겨났다. 공부가 재미있다고 느낀 건 아마도 그때가 처음이었던 것 같다. 어떤 계기가 되었든 한 번 공부에 대한 재미를 느껴본 사람은 공부한다는 것이 마냥 지겹지만은 않다는 걸 알게 된다. 그리고 새로운 것을 알게 되는 기쁨이 얼마나 큰지도 알 수 있다.

다시 뭔가를 시작하려고 할 때 꼭 학위에 도전하라는 말은 아니다. 앞서 예를 든 분의 경우는 가르치는 일을 하고 싶으셨기 때문에 학위가 필요했던 거고, 또 그런 쪽으로 공부하고 싶었기 때문에 선택한 것이다.

모두가 다 대학이나 대학원에 갈 필요는 없다. 하지만 새로운 길을 가려고 할 때 그 길에 대한 공부는 필수다. 그 길에 대한 공부뿐만 아니라 그 주변에 대한 공부도 필수다.

장사를 하려고 해도 공부를 해야 하고, 사업을 하려고 해도 그 쪽 분야에 대한 공부는 필수다. 쉽게 가려고 하지 말자. 어떤 길이건 자신이 가려고 하는 길에 대한 공부는 필수라는 생각을 가지고 있었으면 좋겠다. 내 인생에 있어서 다시는 공부할 일이 없을 거야, 라고 생각했던 분들도 다시 시작하려면 무조건 공부해야 한다는 생각을 가지고 시작하기를 권해드린다.

☆ 계획은 구체적으로
세워야 한다

간절하게 원하고 계획은 구체적으로 세워야 한다. 웬만한 자기계발서에서 귀에 못이 박히도록 많이 들었을 것이다. 왜!!! 그 수많은 자기계발서에서 똑같은 말들이 계속 나오는지에 대해서 생각해야 한다.

《미라클 모닝》이라는 책이 있다. 정말 많이 팔린 베스트셀러다. 나 역시 그 책을 사서 봤다. 서평을 보니 책에 대한 찬양이 대단했다. 하지만 나는 책을 읽고 나 자신이 너무나도 바보 같았다. 이유인즉, 그 책을 쓴 사람은 이미 내가 그동안 읽었던 자기계발서를 읽고 자기 것으로 만든 것이었다. 《미라클 모닝》의 내용 자체가 색다른 게 아니었다. 그 책의 저자는 수많은 책에서 등장하는 아침형 인간에 대한 이야기를 실천하면서, 자신만의 미라클 모닝을 만든 것이었다.

나는 '이거 다른 책에서도 나온 이야기인데…' 라는 비평적인
생각만 할 줄 알았지 실천하지 못하는 바보였던 것이다. 책을
읽고 자신의 것으로 만들지 않으면 매번 똑같은 책을 반복해서
읽기만 할 뿐이다.
물론 처음부터 중요 포인트를 찾을 수는 없을 것이다. 하지만
책을 많이 읽다 보면 그 포인트들이 보이기 시작한다. 왜 계속
비슷한 말이 반복되는지, 다른 책에서 말하고 있는 것을 이 책
에서도 말하고 있는 그 교집합들이 보인다.

다른 책에서도 말하고 있는 것을 나도 말하겠다. 그만큼 중요
하다. 간절하게 원하고 구체적으로 계획하면 당신이 마음먹은
것은 무엇이든지 할 수 있다. 간절하게 원한다는 것은 내가 정
말로 하고 싶은 일인 것이다. 몇 번을 곱씹어도 해야 할 일이라
고 판단이 되면 그 일은 무조건 해야 하는 일이다.

그러면, 어떻게 하면 그 일을 할 수 있는 것일까? 나는 여기서

참고할 만한 것으로 연어스케줄링을 들고 싶다. 거꾸로 생각하는 것이다.

사람들은 보통 자신의 가치관을 두고 해야 할 일들을 생각한다. 그리고 그 해야 할 일들을 완성해 가면서 자신의 비전을 만들어간다. 그런데 그 방법은 잘못된 것이다. 내가 원하는 방향으로 가는 것이 아니라 점수나 행동에 따라 방향이 정해지는 것이다. 예를 들어 대학입학으로 설명해보겠다. 대학에 입학하려면 영어, 수학, 국어 등을 공부해야 한다. 그리고 그 과목들을 공부하면서 받은 점수에 맞춰 대학을 선정하게 된다.

하지만 거꾸로 생각하는 것이 맞다. 어떻게 살아야 하는지에 대한 생각을 해보고 거기에 대학이 필요한 것인지에 대한 답부터 내야 한다. 대학에 가야 한다는 결론이 나왔을 때는 그 대학에 가려면 어떤 과목에서 몇 점을 받아야 하는지 대략적인 점수가 나올 것이다. 그러면 그 점수를 받기 위해서 과목들을 시간 분배해서 공부하면 되는 것이다. 가야 되는 이유가 명확하면 간절해질 수밖에 없다.

작년에 나는 책 2권을 기획해서 출판하는 계획을 세웠다. 분명이 목표는 내가 할 수 없는 목표였다. 나는 늘 내가 할 수 있는 것보다 조금 더 할 수 있도록 120%의 목표설정을 한다.

책 출판은 내가 할 수 없는 목표지만 꼭 해보고 싶은 목표 중 하나였다.

그래서 1월부터 계획에 들어갔다. 왜 내가 책을 내고 싶은지에 대해서부터 생각해보게 되었다. '1년 살기' 라는 모임을 통해서 이 이야기를 책으로 쓰면 좋겠다는 생각을 하게 되었고, 자신의 이야기를 책으로 써보는 것이 어떻겠냐는 제안을 했을 때 다들 망설이는 모습을 보였다. "그럼 내가 먼저 해 볼게요!" 라고 말했지만 나 또한 자신이 있는 건 아니었다. 하지만 내가 한번 해보고 나면 조금 더 자신 있게 사람들에게 말할 수 있을 것 같았고, 누군가는 나를 보면서 자심감도 얻을 것 같았다.

그래서 시작했다. 나 혼자만의 일이 아니라 우리 모두의 일이 될 수도 있다는 생각에 책임감도 있었다. 2018년 목표로 잡았고, 어떻게 하면 책 2권을 기획해서 낼 수 있는지 거꾸로 생각하게 된 것이다.

12월에 책이 나오려면 적어도 6개월 전에는 탈고가 되어야 하고, 6월까지 탈고를 마치려면 1월부터 책을 쓰기 시작해야 했다. 어떻게 하면 책을 쓸 수 있을지 책 쓰는 방법에 대한 책들을 섭렵해서 읽기 시작했고, 그런 교육들을 받으러 다녔다.

그리고 책을 쓰기 시작했고, 6월 초에 탈고를 했고, 7월 초에 출판사와 계약을 해서 11월에 책이 나왔다. 책 계약은 7월에 2권을 했는데, 한 곳은 출판사 사정으로 인해 출판이 올해로 미루어졌지만 결국 나는 내가 계획한 대로 책 2권을 출판사와 계약을 했고, 책이 출판되었다. 그것에 힘입어 작년에 나는 실제로 책 3권을 썼다.

지금 생각해도 어안이 벙벙하다. 그냥 봐도 할 수 없었던 일이었는데, 정말로 간절하게 원했고, 그 간절한 마음이 구체적으로 계획을 세우게 했던 것이다. 물론 결과는 100% 내가 원하는 대로 되지는 않았다. 출판사 사정으로 뒤늦게 출간이 되긴 하겠지만, 어찌되었든 내가 계획하고 원하는 대로 된 것이다.

지난 해에 이런 경험을 하면서 나는 알게 되었다. 수많은 자기 계발서에 나오는 말처럼, 정말로 간절하게 원하고 구체적으로 계획을 세워서 실행하면 내가 원하는 대로 할 수 있구나, 하는 것을 말이다.

자기계발서에 똑같은 이야기가 자주 나온다면 그건 분명 그렇게 할 수 있다는 말이다. 당신은 이미 성공의 교집합을 하나 발견했다. 그 부분을 잘 파악하자. 왜 많은 사람들이 같은 이야기를 하는지…. 분명 그 안에 답이 있다. 나도 내가 해보지 않았다면 똑같은 이야기에 지겨워했을지도 모른다. 하지만 내 경험이 이제는 그 말을 대신해 주고 있다.

간절히 원한다면… 구체적으로 계획해서 실행하라!
분명 당신은 당신이 원하는 삶을 살 수 있을 것이다.

☆ 책을 통해서
생각의 깊이를 만든다

우리 인간이 경험할 수 있는 것에는 한계가 있다. 그래서 우리는 다른 사람을 통해서 혹은 책을 통해서 대리 경험을 한다. 책은 한 사람의 경험을 고스란히 쏟아 놓은 것으로서 독서의 장점과 효능은 두말할 필요가 없다.

내가 나에게 부여한 안식년 기간 동안 가장 잘한 일이 있다면 그것은 바로 책읽기였다. 아이가 어릴 때부터 읽기 시작했다. 그 전에도 책을 좋아했지만, 바쁘다는 핑계로 잘 읽지 못했다. 베스트셀러 정도만 챙겨 볼 뿐이었다. 육아를 하면서 틈틈이 책을 읽기 시작했다. 처음 해보는 육아라 겁도 났고, 또 이 시간을 그냥 흘려보내는 게 아깝다는 생각이 들어서 평소에 하지 못했던 일들을 찾아서 했다. 그 중 하나가 독서였다.

무슨 책을 어떻게 읽어야 할지 모르겠다고 하시는 분들이 있다. 그런 분들께는 우선 손에 잡히는 책부터 읽어볼 것을 추천한다. 주변에서 추천한 책도 좋고, 서점에 갔는데 눈에 띄는 책이 있다면 그것부터 시작하면 된다. 읽다 보면 책 속에서 소개하는 책들이 있다. 어떤 책들은 맨 뒤에 참고도서 목록이 나온다. 그 책들을 참고하면 실패할 확률이 적다.

나의 경우, 처음에는 관심분야의 책만 읽기 시작했는데, 지금은 책 속에 소개된 책들만 챙겨 읽으려 해도 이미 읽어야 할 책들이 넘쳐나고 있다. 그러다 책을 쓰기 시작하면서 관련된 책과 도움이 될 만한 책들을 섭렵해서 읽다 보니 점점 관심분야가 넓어지고 있다.

나는 여성들이 자신의 일을 시작하는 데 도움을 주는 일을 하려고 한다. 그래서 커리어 코치라는 자격을 얻었고, 그 일을 하면서 내 생각을 정리하기 위해서 많은 책을 읽었다. 코칭 분야만 읽는 것이 아니라, 삶에 대한 책, 인문학에 이어서 자기계발서 및 심리학 책 등등 점점 그 분야가 넓어져가는 것을 느낄 수 있다. 책을 읽으면 읽을수록 부족한 나 자신을 발견하게 된다. 그리고 책을 쓰면 쓸수록 너무나도 얕팍한 지식에 의존하고 있는 내 모습을 마주하게 되는 것 같아 늘 그 모습이 부끄럽다. 그래서 점점 더 많은 책들을 찾게 되고 공부를 하게 된다.

가장 위험한 사람은 책을 한 권만 읽은 사람이라고 한다. 읽은 책 한 권이 자신의 모든 기준이 되어버리면 그것만큼 위험한 것이 없다. 책 속에는 내가 몰랐던 부분뿐만 아니라, 알고 있었던 것들에 대한 새로운 관점들이 담겨 있다. 같은 것을 보면서도 생각하는 게 다르기 때문에 다른 관점의 시선을 경험해보면 좋다. 생각에는 한계가 있기 때문에 책을 통해서 다른 사람들의 생각을 보는 것이다.
또 한 가지, 아무래도 관심 있는 분야만 선택하다 보면 책도 편식하게 된다. 책을 선택할 때는 책 편식을 하지 않기를 바란다.

새로운 일을 시작하려고 할 때 공부는 필수라고 앞에서도 언급했다. 그 시작은 '책'이다. 어떤 공부를 어떻게 시작할지 모르겠을 때 우선 책으로 그 분야를 알아가는 것이다. 이미 시작한 사람들의 이야기, 그 분야 전문가들의 의견을 책을 통해서 먼저 만나보는 것이다.

책을 읽은 다음에는 그냥 덮지 말자. 아무리 머리 좋은 사람이라도 그 책을 전부 다 기억할 수는 없다. 아마 며칠 지나면 내가 읽었던 책이었나? 하며 헷갈릴 정도로 기억에서 사라져버릴 때도 많다. 내가 그랬다. 그래서 잊어버리고 한참 있다가 똑같은 책을 모르고 또 읽었던 적이 있다. '어? 어디서 본 것 같은데…' 하며 기억을 더듬어보면 예전에 읽었던 책이다. 그렇다고 억울하거나 바보같다는 건 아니지만, 읽었던 책도 기억 못하는 내가 한심해 보일 때도 가끔 있다.

책을 읽은 후에는 책서평을 해보는 것도 좋다. 읽고 난 다음에 책에 대한 간단한 느낌을 쓰고 다시 읽고 싶은 글귀를 필사한다. 그렇게 하면 책을 몇 번씩 읽은 효과를 볼 수 있다.
책을 읽으면서 좋은 글귀에는 포스트잇을 붙인다. 다 읽은 후에는 그 포스트잇을 떼면서 한 번 더 읽고 블로그에 옮겨 적는다. 필사를 하고 나서는 오타가 있는지 확인차 다시 한 번 읽는

다. 그렇게 하니 적어도 필사한 곳은 3번 이상 읽게 되었다.

그리고 덤으로 글을 쓰고 싶다는 생각까지 하게 된다. 나도 내가 책을 쓸 거라는 생각은 해보지 못했다. 쓰면 좋겠다, 라는 막연한 생각만 있었을 뿐이다. 그런데 책을 계속 읽고 필사를 하면서 점점 나도 한번 해볼까? 하는 생각으로 바뀌더니 결국에는 일을 벌였다. 내가 만약 책을 읽지 않았더라면… 책을 읽고 정리하는 습관을 들이지 않았다면… 아마도 이 꿈은 꾸지도 못했을 것이고, 꿈을 꿨더라도 먼 훗날 이룰 수 있는 목표였을 것이다.

책을 통해서 나는 내가 가고 싶은 길에 대해 정할 수 있게 되었다. 그리고 그 길이 완성된 건 아니지만, 두려움을 극복할 수도 있게 되었다. 책을 읽으면서 내 생각을 정리하게 되었고, 생각의 정리를 통해서 내가 하고 싶은 말이 생겨났다. 그것이 나의 강의안이 되었고, 그 결과 나는 내가 원하는 대로 '다시 시작하는 사람들을 위한 강의'를 하게 되었다.
시작은 책읽기에 불과했다. 원했던 책들을 찾아서 읽기 시작했고, 정리한 것뿐인데, 그것이 나의 생각과 연결이 되면서 내가 하고 싶은 일들을 구체적으로 그려주었다.

그리고 새로운 일. 나에게 작가라는 타이틀도 붙여주었고, 그 타이틀을 통해서 방송도 할 수 있었다. 나는 또 새로운 꿈을 책 속에서 찾았다. 내가 할 수 없을 것 같았던 일들을 해낸 사람들의 이야기를 읽으면서 나도 한번 해볼까? 라는 꿈을 꾸게 된다.

작은 시작이 여러분을 크게 만들어줄 수 있다. 지금 내가 읽는 이 책이 결국에는 나를 만들어주는 밑거름이 된다. 나의 미래를 알 수 있는 방법 중 하나가 '지금 내가 읽고 있는 책'이라고 한다. 나의 미래가 궁금하다면, 내가 어떤 일을 시작해야 할지 모르겠다면 지금 내가 읽고 있는 그 책에 집중해보자! 그 책 한 권이 당신의 미래를 그려줄 수 있을지도 모른다.

☆ 우선순위를 정하면 못할 일이 없다

무언가를 시작하고는 싶은데 어떻게 해야 할지 모르겠다, 하는 분들을 위한 질문이 있다.

"내 삶에 있어서 중요한 가치는 무엇인가? 나는 어디에 가치를 두고 살아야 하는가?"

40대에 다시 일을 찾아야 했던 나는 '삶의 가치'에서 그 답을 찾았다. 나는 운이 좋게도 '좋아하는 일'과 '잘하는 일'을 해봤기 때문에 그 다음 단계로 나아갈 수 있었다.

성공한 사람들은 "돈을 많이 벌어서 행복해요" 라는 말보다 "가치 있는 일을 하게 돼서 행복합니다" 라는 말을 더 많이 한다.

도대체, 그 가치란 무엇일까?

가치란, 내 삶에 있어서 양보할 수 없을 만큼 중요하게 생각하는 것이다. 누군가에게는 돈이 될 수도 있지만, 돈은 어느 이상 벌게 되면 돈이 주는 행복의 가치는 더 올라가지 않는 것 같다. 물질이 주는 행복은 어느 단계가 되면 그 이상으로 올라가기가 힘들다. 그래서 그 다음 단계인 삶의 가치를 생각하게 되는 것이다. 어떤 일을 시작하려 할 때 업종만 고민하지 말고, 자신 안에 있는 분명한 가치를 찾아야 한다. 그것이 결국에는 삶의 행복으로 연결된다.

가치를 안다는 것은 내 삶에 있어서 중요한 것을 선택하게 될 때, 언제 YES or NO를 해야 하는지를 알게 된다는 뜻이다. 삶은 선택의 연속이다. 그때 내 삶의 가치관이 형성되어 있으면 선택하기가 쉽다. 내가 정확하게 NO라고 말할 수 있는 것만으로도 나는 흔들리지 않는 선택을 할 수 있는 것이다.

내가 가치 있다고 생각할 때 용기도 생긴다. 어떤 일을 시작할 수 있는 용기, '실패해도 괜찮아' 라는 용기 말이다.

이렇게 내 삶의 가치가 정해지면 그 다음에는 우선순위를 높이면 된다. "시간이 없어서요" 라는 말들을 많이 한다. 시간은 누구에게나 공평하게 주어진다. 부자든 가난한 사람이든, 열심히 사는 사람이건 빈둥거리며 사는 사람이건 누구에게나 주어진 시간은 공평하다. 그런 시간을 어떻게 보내느냐에 따라 인생이 달라지는 것이다.

어떤 목표를 설정했을 때 같은 상황에서도 그 일을 해내는 사람과 못하는 사람이 있다. 그 이유는 바로 우선순위에 있다. 나는 매주 일요일 성경공부를 하고 있다. 그런데 가장 어려운 것이 암송이다. 말도 옛날 말에다가 몇 장 몇 절이라는 숫자까지 외우려고 하니 자꾸 헷갈린다.

장로님이 내주신 암송 숙제를 나는 제대로 하지 못했다. "할 일이 너무 많아서요" "아이가 있어서요" 라는 핑계는 댈 수가 없다. 내가 알기에 장로님은 그 연세에 이미 나보다 훨씬 더 많은 일들을 하고 계시는 분이라 그분 앞에서는 어떤 이유도 핑계일 뿐이다. 이런 내게 장로님이 말씀해주셨다.

"가치를 정하고 우선순위를 높여보세요. 못하는 일이 없습니다. 시간이 없다는 말은 거짓말입니다."

이 말에 공감한다. 시간이 없다는 말은 거짓말이다. 그 일이 나에게 그만큼 중요한 일이 아니라는 뜻도 된다. 이것보다도 더 중요한 일이 있기 때문에 자꾸 우선순위에서 벗어나고, 결국에는 내가 중요하다고 생각하는 일부터 처리하게 되니 자꾸 시간 없다는 핑계만 대는 것이다.

현명한 사람들은 돈을 벌면 가장 먼저 자신의 시간을 산다고 한다. 이 말은 자신이 해야 할 일들 중에서 우선순위에 들어오지 못하는 일들은 돈을 내고 그 일을 대신 해줄 사람을 찾는다는 것이다. 그리고 그 시간에 자신의 우선순위 안의 일을 하는 것이다. 이것이 바로 시간을 사는 방법이다.
많은 사람들이 시간을 사고 싶어 한다. 해야 하는 일들이지만, 할 수만 있다면 돈을 지급하고서라도 시간을 버는 것이다. 왜냐하면 나에게 주어진 모든 시간이 인생을 바꿀 수 있는 기회가 되기 때문이다.

내가 선택한 가치를 우선순위로 두었을 때 훗날 인생에 대한 후회가 없다. 내가 생각하고 내가 선택한 삶이기에 힘들어도

웃으면서 할 수 있고, 넘어져도 툭툭 털면서 일어날 수 있는 것이다. 그리고 그 일이 나만을 위한 것이 아니라 다른 사람들을 도우면서 내 삶에 있어서도 충분한 가치를 제공할 때 우리는 그 일에 보람을 느끼며, 그 안에서 행복감을 얻는다.

시작이 어려울 때 잠시만 눈을 감고 생각해보자. 내가 무엇을 할 때 가장 행복하고, 어디에 가치를 둘 때 비로소 보람을 느끼게 되는지… 그리고 지금 내가 할 수 있는 것부터 한발 한발 딛고 나가보자. 그 모습이 가장 나다운 모습이며 내 안에서 말하고 있는 것일 수도 있다.

가장 나답게 살았을 때 가장 후회가 없을 것이다. 오늘 내가 내딛는 이 한 발이 훗날 나를 미소 짓게 할 것이다. 그리고 내 인생의 마지막 날에 이런 삶을 살게 해주신 하나님께 진심으로 감사하며 눈감게 될 것이다.

나만의 속도로
인생 살아보기

'1년 살기' 모임 멤버들은 모두가 똑같은 목표를 갖지 않는다. 각자 자신이 정한 목표를 가지고 자신이 정한 방향으로 뛴다. 매번 뛸 수는 없으니 때로는 걷고, 때로는 잠시 쉬었다 가기도 한다. 하지만 그 안에서 분명 세상을 바라보는 시각은 점점 더 넓어지고 있음을 경험하게 된다.

모두 다 다른 목표를 가지고 뛰기 때문에 자신만의 속도가 있다. 누군가는 빠르게 결과를 만들어 가는 사람도 있고, 누군가는 아직도 제자리걸음처럼 보인다. 그때의 반응은 제각각이다. 왜 나만 이렇게 느릴까 하며 한탄하는 사람도 있는 반면 나만의 속도로 가겠다며 선언한 사람이 있다.

헬렌 님이 그렇다. 그녀는 1년 살기 2기 모임때부터 한 번도 빠짐없이 모임에 참석했다. 그리고 그 누구보다 더 열심히 활동했다. 남편이 "당신이 그 모임에서 막내야?" 라는 말을 했을 정도로 궂은일을 맡아서 하시는 분이다.

헬렌 님은 개인적인 고민의 시기에 1년 살기를 시작했다. 긍정적인 사람들과의 만남을 통해서 힘든 시간들을 스스로 열심히 극복할 수 있었다고 한다. 치고 나가는 사람들을 보며 속상하기도 하고 자신을 탓해보기도 했지만, 이제는 삶을 바라보는 시선을 바꿔서 꼭 모두가 다 뛰어가야만 맞는 것은 아니다, 라는 것을 알게 되었다.

말은 그렇게 하지만 마음은 두려움과 부러움이 공존한다. 그녀는 그런 마음을 다시 바로 잡으면서 자신만의 속도로 가겠다고 선언했다. 그런 그녀가 얼마나 멋있어 보였는지 모른다.

남들과 똑같이 가지 않고, 자신만의 속도로 가겠다고 한 그녀는 그만큼 많은 생각을 하며 결정했으리라. 그 이후로도 그녀는 타인의 말에 휘둘리지 않고 자신만의 생각을 가지고 자신만의 색깔을 입혀나가고 있다.

사람들은 뭔가 다시 시작하려고 할 때 다른 사람들의 눈치를 많이 보게 된다. 그녀 또한 어쩔 수 없는 경단녀가 되었고, 뭔가 다시 새로운 일을 찾으려고 할 때 불안한 마음을 컸을 것이다. 나만의 속도로 간다고 말하면서도 자신이 없었을지도 모르겠다. 그런데 그녀는 자신의 말을 지켜나가고 있다.

정말로 자신이 무엇을 좋아하는지 다시 한 번 생각해보게 되었고, 우선 자기가 할 수 있는 일부터 시작했다. 다른 사람들에게 그림을 가르치기도 하고, 도서관에서 새로운 프로젝트가 시작될 때 손을 들어 프로젝트를 맡아서 진행하기도 했다. 돈을 받고 하는 것은 아니다. 오히려 자신의 시간과 열정이 지급되었던 일들이었다. 작은 도서관은 그녀에게 페이를 지급하는 대신 도서관 사서들만 받을 수 있는 교육을 받게 해주었다.
지금 그녀는 그 교육 덕분에 그림책에 푹 빠져 있다. 그림책의 매력을 알게 된 그녀는 그림책을 그리고 쓰고 있다. 그리고 우리에게 그림책을 전도하기도 한다. 낭낭한 목소리로 그녀가 읽어주는 그림책을 통해 우리는 자신을 돌아보았다. 아이에게 그림책을 읽어주기만 했지 누군가가 나를 위해 그림책을 읽어준 적은 없었다. 처음이었다. 그랬더니 지금까지 읽었던 그림책과 전혀 다른 느낌으로 다가오기 시작했다.

헬렌 님 덕분에 모임의 많은 사람들이 그림책에 관심을 갖게 되었다. 그녀는 그림을 그리고 글을 쓴다. 자신만의 그림책을 만들어가고 있다.

이제는 이것이 1년 살기 모임의 프로젝트가 되어서 내년에 관심 있는 사람들끼리 그림책을 만들어보자는 의견까지 나오게 되었다. 어쩌면 우리가 그리고 쓴 그림책이 하나의 전집으로 나오게 될지도 모르겠다. 그런 재미있는 상상을 하면서 우리는 자꾸자꾸 무언가를 시도하고 진행해본다.

나 자신만의 속도로 간다는 것은 자신의 꿈을 포기한다거나 느리게 간다는 말이 아니다. 조금 더 자기 자신을 깊숙이 들여보겠다는 말로 나는 이해했다. 내가 나를 조금 더 깊이 보려고 노력하니 새로운 것이 보이기 시작했다. 어쩌면 생각지도 못한 일이었을지도 모른다. 헬렌 님의 깊은 관찰이 우리 모두의 마음을 움직이게 된 계기가 된 것이다.

나만의 속도로 인생을 살아본다는 것은 나 자신을 사랑하는 첫 번째 단추가 되는 것 같다. 첫 단추를 제대로 끼웠을 때, 두 번째 세 번째 단추가 자연스럽게 자기 자리를 찾듯 헬렌님은 자연스럽게 자신의 자리를 만들어가는 것 같다. 시작이 두렵다면, 자신만의 속도로 인생을 살아보겠다고 조금 더 용기내어 보는 것은 어떨까? 헬렌 님처럼 말이다.

자존감은
내 삶의 무기

여러 가지 일을 하다가 실패를 한 후 다시 강의를 해보자고 결심한 분이 계신다. 아마 다시 무언가를 시작하시는 분들이 대부분 비슷하지 않나 싶다. 처음부터 바로 성공하기는 쉽지 않다. 그녀는 강사가 되는 교육을 받고 있는데, 그곳에서 꽤 인정을 받는 것 같다. 자신의 생각이 있고, 정리를 참 잘하는 그녀에게 강사라는 직업이 잘 어울리는 듯했다. 그녀도 싫지만은 않은 것 같다. 열심히 수업에 참관하면서 발표 준비도 하고, 새로운 곳에서 강의를 해보고 싶어 기획서도 써서 넣어볼 계획도 가지고 있다.

그런데 그럴 때마다 그녀는 망설였다. 자신이 '석사'가 아니라는 이유에서였다. 요즘에는 워낙 석박사들이 많아서 그런지 학부만 나온 자신이 부족해 보인 것이다. 대기업에서 오랫동안 협상에 관한 일을 한 경험이 있으니 그 일은 누구보다 자신이 있지만, 다시 그 일을 하기는 쉽지 않아 보인다.

지인들과 함께 콜라보로 강의 기획서를 쓰면서 그녀는 주변 사람들에게서 석사가 아니면 어려울 것 같다는 말을 듣고는 좌절하고 말았다. 몇 번이나 기획서를 썼다가 지웠다가 하며 수정하다가 결국에는 본인 이름으로 지원하지 않고, 다른 사람의 이름으로 지원했다고 한다.

강사가 되려면 우선 석사나 박사여야 할까? 유명한 강사들 중 물론 석박사도 많지만 학부만 나온 강사들도 많다. 김미경 강사님도 그렇고 김창옥 강사님도 보면 학벌이 그렇게 중요한 것 같지는 않다. 오히려 학벌보다 실력이고, 그들이 가지고 있는 콘텐츠가 더 중요해 보인다.

그런데 이분이 포기한 이유는 자신이 석사가 아니고 박사도 아니어서다. 자존감이 낮은 데다 주변에서 하는 말에 심하게 귀를 기울인다. 물론 그녀도 처음부터 자존감이 낮았던 건 아니다. 대기업에서 전문가로서 일할 때만 해도 자존감이 높았지만, 경력단절이 오래 되면서 점점 자존감이 낮아진 것이었다.

책을 써서 자신을 알리고 싶었지만, "누가 네 책을 읽어?" 라는 누군가의 말에 포기했다. 열심히 계속 무언가를 하고 있지만, 그녀는 뭔가 하나 끝까지 한 게 없었다. 자신 스스로 한계를 그었더니 정말로 한 게 없는 사람이 된 것이다.
그녀는 지금 "그때 내가 그걸 포기하지 말걸…" 하며 후회를 한다. 왜 내 곁에는 용기를 주는 사람이 아니라 그나마 가지고 있던 용기를 뺏는 사람만 있는지 모르겠다며 한탄한다. 그녀는 늘 자신은 운이 없다고 말하며 한 번의 실패에 도전의 날개를 접고 말았다.

자존감은 누가 만들어주는 것이 아니다. 자존감은 말 그대로 자신을 존중하고 사랑하는 마음이다. 자기 스스로 가치 있는 사람이라는 것을 인식하고, 인생의 역경을 잘 이겨낼 수 있도록 자기 자신을 믿고 그 믿음에 따라 행동하며 성취를 이뤄내는 자기 확신을 말한다. 자존감이 있는 사람은 자기 자신을 소중히 여기며 타인과의 관계도 소중히 다룰 줄 안다.

반대로 자존감이 없는 사람은 내가 아닌 다른 사람들을 의식하며 산다. 자존감이 부족하기 때문에 열등감도 있고, 삶이 부정적인 경우가 많다. 그래서 유독 자존감이 낮은 사람 옆에는 부정적인 사람들이 많이 있는 것처럼 느껴지기도 한다.

내가 봤을 때 그녀는 학벌을 높인다고 해서 문제가 해결될 것 같지는 않았다. 만약 석사를 따고 나면 괜찮아질까? 지금보다 조금은 나아질지 모르지만, 석사 졸업장이 그녀에게 행복을 가져다주지는 않을 것이다. 분명 박사 졸업장을 딴 사람들을 부러워하며, 결국에는 박사학위를 따려고 했을 것이다.

진짜 중요한 것은 학벌이 아니다. 학벌이 아닌 자기 자신의 가치를 키우는 것이다. 분명 그녀가 잘하는 게 있을 것이고, 그녀만의 장점이 있다. 자존감은 삶에 무기가 될 수 있다. 자신을 지탱해주는 감정의 심지가 굳건하기 때문에 다른 사람의 비난

이나 어쩌다 생기는 실수에도 바람 앞의 등잔불처럼 흔들리지 않는다. 인생의 굴곡 앞에서도 유연하게 대처할 수 있다.

진짜 중요한 것이 무엇인지 생각해보자. 의외로 학벌은 문제가 되지 않을 수도 있다!

5. 다짐

진짜
이것만은
하지 말자!

내 삶에 NO라 답하지 말자!

: 1년만이라도 Yes!!

손다 라임스의 《1년만 나를 사랑하기로 결심했다》라는 책이 있다. 완벽해 보이지만 모든 것이 불안했던 손다 라임스의 실화를 바탕으로 한 책이다. 〈그레이 아나토미〉라는 미국의 유명 드라마 작가로 삶에 대해서 늘 부정적이고 실패 투성이였던 그녀가 1년만 자기 자신을 사랑해보자는 결심을 하게 되면서 어쩌면 무모해 보이는 도전을 한다는 이야기다. 프로젝트 명은 '좋아! 도전! 프로젝트'이다.

언제나 그녀는 새로운 일이 발생하면 Yes보다 No를 많이 외쳤다. 자신을 사랑하기로 결심한 후, 그녀는 자기 자신에게 온 기회들을 놓치지 않고 받아들이기로 했다. 예전 같으면 바로 거절했을 일을 "좋아! 도전!" 하면서 받아들인 것이다. 그 결과 그녀는 많은 것을 이룬 사람이 된다.

1년 동안 그녀가 이룬 업적을 보면 대단하다.

- 58kg 감량에 성공하다
- 칭찬의 말을 있는 그대로 고맙게 받아들이다
- 자신을 좀 먹는 인간관계를 정리하다
- 쓸데없는 겸손을 벗고 자뻑의 갑옷을 입다
- 무례하고 불합리한 요구를 거절하다
- 학부모 총회에 나가 개소리에 반박하다
- 모교를 찾아 졸업식 축사를 하다
- 여성 리더들 앞에서 유리 천장에 관해 연설을 하다
- TV 쇼에 출연하여 최고의 시청률을 올리다

그전 같았으면 하지 않았을 일이었지만 그녀는 1년만큼은 YES 프로젝트를 통하여 모든 것을 기회라 생각하고 받아들인다. 뭔가 변화되고 새로운 것을 시작한다는 것이 두려웠지만 그 두려움이 새로운 설렘으로 바뀌는 경험을 하게 된 것이다.

우리 모임에 나르샤 님이 있다. 그녀의 한 가지 목표는 숀다 라임스의 목표와 비슷하다. 자기 자신에게 들어오는 기회에 NO

라는 대답을 하지 않고, YES로 받아들이기로 한 것이다.

그녀가 우리 모임에 들어오게 된 것은 '운동하자'라는 목표를 가지고 1년 반이 넘도록 실천하지 못하는 자기 자신을 발견하게 되면서였다. 쉽다고 생각했고 언제든 시작할 수 있다고 생각한 목표였지만 우선순위에서 밀리다 보니 매년 똑같은 목표를 가지고 살고 있었다는 것이다.

당신이 어떤 일을 해낼 수 있는지 누군가가 물어보면 대답해라. "물론이죠!" 그 다음 어떻게 그 일을 해낼 수 있을지 부지런히 고민하라.

_ 시어도어 루스벨트

그녀는 미국의 26대 대통령인 시어도어 루스벨트의 말에 감동을 받아 1년 살기 모임에 나오게 되면서 그 말대로 살아보기로 했다. 첫 번째, 그녀는 몇 년 동안 목표로만 잡았던 운동에 도전했다. 실은 그녀에게는 실패의 경험이 있었다고 했다.

대학생 시절 마라톤 대회에 출전했는데, 경험과 연습부족 탓에 많이 뒤처지게 되었다. 그때 뒤따라오던 앰뷸런스에서 "학생! 할 만큼 했습니다. 그만큼 했으면 됐습니다. 빨리 타세요!" 라는 아저씨의 말이 들려왔고, 괜히 미안한 마음이 들어 달리는 걸 포기하고 앰뷸런스에 올라탔던 경험이 있었다고 한다.

그 뒤로 마라톤은 자신에게 맞지 않다고 생각했는데,《100km》라는 책을 읽으면서 다시 한 번 도전의식이 샘솟았다. 그래서 그녀는 문라이트 걷기대회에 도전했고, 그 대회에 출전하기 위해서 연습을 거듭하여 결국에는 성공의 맛을 보았다.

그 다음 도전한 것은 3km 마라톤 대회. 걷다 보니 뛰고 싶어져서 3km에 도전하게 되었다. 이제는 혼자하지 않고, 1년 살기 멤버들과 함께 달린다. 그녀가 도전하는 모습을 통해 다른 사람들도 감동을 받았다. 나르샤 님 덕분에 '1년 살기' 멤버들도 작은 성공의 맛을 보게 되었다. 이제 그녀는 그 다음 코스인 5km에 도전하려고 한다. 누군가에게는 우스운 도전이라 생각될 수도 있지만, 이런 작은 도전의 성공으로 인해 그녀는 조금씩 달라지고 있다. YES! 라는 답변 덕분에 자신이 조금씩 변해가고 있음을 느끼게 된 것이다.

우연히 그녀와 이야기를 해본 나는 그녀가 13년 동안 빠짐없이 일기를 썼다는 것을 알게 되었다. 육아일기로 시작한 것이 이제는 엄마의 성장일기가 되었다는 그녀. 그녀의 이야기가 너무 재미있어서 모임때 특강식으로 발표를 해달라고 했다.

그녀의 대답은?? YES!!! 결과는 완전 대박이었다. 13년 동안 꾸준하게 쓴 일기가 어떻게 집안의 문화를 만들고 자기 자신을 만들어가게 되었는지 그녀는 자신만의 스토리로 이야기를 해주었다. 그녀를 통해서 일기를 쓰겠다고 한 사람들이 늘어날 정도였다. 자신감을 얻게 된 그녀는 다른 곳에서도 강의를 하게 되었고 점차 자신만의 콘텐츠를 만들어가고 있다.

'1년 살기' 소모임이 있었으면 좋겠다는 이야기를 듣고 나는 나르샤 님에게 첫 강의를 부탁했다. 형식에 제한 없이 대략적인 틀만 주고 그녀에게 맡겼다. 그녀의 대답은?? YES!!!

그녀는 자신만의 이야기를 가지고 강의를 이어나갔고, 소모임에 참석한 사람들에게 깊은 감동을 주었다. 그녀는 자신의 삶을 강연 속에 잘 녹여냈다. 그 장점을 살려주고 싶어서 나는 강의 콘텐츠 모집공고가 나면 그녀에게 소개해주고 있다.

어떤 기회든 그녀의 대답은 YES!!! 알고 있는 국가기관에서 강사모집이 있어서 그녀에게 추천해주었다. 결과적으로 나르샤 님은 그 기관에서 원하는 양식의 서류를 보내지는 못했지만, 12월에 다시 모집할 때 연락을 주겠다는 답변을 받았다. 그녀는 아마도 다시 한 번 YES!!를 외치며 자신에게 온 기회를 놓치지 않을 것이다.

만약 예전같았다면 안 되는 이유부터 찾았을 것이다. 그러나 그녀는 시어도어 루스벨트의 말을 듣고 자신에게 온 기회뿐만 아니라, 새로운 기회를 만들어가며 도전을 즐기고 있다.
정말 한번만이라도 YES! 라는 답변으로 기회를 만들어보자!
나르샤 님처럼 혹은 숀다 라임스처럼 재미있는 일들이 당신을 기다리고 있을지도 모른다.

나 자신을 함부로
평가하지 말자

의외로 자기 자신을 모르는 사람들이 많다. 얼마나 대단한 사람인지, 얼마나 가능성이 많은 사람인지를 모른다. 에노모토 히데타케의 《마법의 코칭》이라는 책을 보면 모든 사람에게는 무한한 가능성이 있다고 했다. 이것은 아이에게만 한정된 말이 아니다. 어른이 된 우리에게도 무한한 가능성이 있다. 다만, 우리의 잠재력을 펼칠 기회가 없었을 뿐이다.

'1년 살기'라는 모임을 3년차 운영하고 있는데, 가장 먼저 하는 것은 모인 사람들이 각자 자신의 삶에 대해서 되돌아보는 것이다. 그리고 발표하는 시간을 갖는다.

나는 어느 누구의 인생도 허튼 인생이란 없다는 걸 매번 느낀다. 무의미한 삶도 없다. 모두가 다 다른 굴곡진 인생을 살아왔

고, 그 안에서 배우고 성장하며 지금의 모습으로 만들어진 것
이다. 이야기들은 모두 너무나도 큰 감동이었다. 그래서 이 이
야기를 모아서 책으로 만들자고 제안을 했다.

우리가 어떻게 책을 쓰냐고 했던 사람들이었다. 어쩌면 너무나
도 평범한 아줌마들의 이야기라 과연 누가 우리의 책을 읽을까
도 고민했다. 하지만 평범한 우리들도 1년 동안 한 가지 목표
를 가지고 살아본다면 뭔가 더 달라져 있지 않을까 생각했다.
 그래서 함께 1년을 살아봤고, 각자 그 삶을 되돌아보면서 느낀
점, 그리고 성장하고 변화된 점들을 책으로 썼다. 그 책이 바로
《다시, 시작합니다》이다. 책으로 출판되어 나왔을 때, 우리는
"하면 된다" 라는 것을 배웠고, 간절히 바라고 원하면 될 수 있
다는 것을 알게 되었다.

책을 쓰는 동안 우여곡절도 많았다. 8명이 함께 책을 쓴다는
것 자체가 쉽지 않은 여정이었지만, 또 함께여서 가능했다. 처
음 걱정은 '누가 우리와 같은 평범한 사람들의 이야기를 들을
까' 라는 우려였다. 그런데 돌아온 피드백은 의외였다. 나의 지

인들도 그랬고 전혀 모르는 누군가의 서평을 읽고 알았다.

우리는 우리가 지극히 평범한 사람이라고 생각했었는데, 그들이 보기에 우리는 이미 평범한 사람들이 아니었다.

"원래부터 대단한 사람들 아니에요?"

"전혀 평범해 보이지 않는데요."

"어떻게 1년 동안 함께 지낸다는 것만으로 이렇게 달라질 수가 있나요?"

전혀 생각지도 못한 피드백에 우리는 깜짝 놀랐다.

우리는 한 번도 우리가 대단한 사람들이라고 생각해본 적이 없다. 그저 평범한 아줌마들이고, 아이 키우면서 자기 자신도 함께 성장하고 싶은 보통의 엄마들이었다. 하지만 피드백을 듣고 깨달았다. 우리가 얼마나 괜찮은 사람은지… 그리고 남들이 보기에는 충분히 아름답고 예뻐 보일 수 있다는 것을 우리끼리만 몰랐던 것 같다.

지금 우리는 서로가 서로에게 '아름답다'라는 칭찬을 많이 해준다. 정말로 20대와 같은 아름다움을 칭찬하는 것은 아니지만, 우리의 있는 모습 그대로도 충분히 아름답다는 것을 조금씩 알아가고 있기 때문이다. 그리고 노력하며 사는 모습이 아름답다고 인정해준다. 예전 같으면 누가 예쁘다는 소리만 해도 "내가 뭘… 에이… 거짓말하지 마!" 하며 쑥스러움에 피했을 것이다. 칭찬을 해주면 오히려 더 반박해야 하는 것이 미덕이라 생각했다.

소모임 때 만나게 된 한 분이 자신을 이렇게 이야기했다.
"저는 디자인 분야에서 9년밖에 일하지 못했어요. 저는 비록 실패했지만, 다른 사람들이 자신의 일을 찾을 수 있도록 돕는 일을 하고 싶어요."
나는 물었다.
"왜 9년 동안 일한 걸 9년 밖에 안 된다고 말씀하시는 건가요?"
물론 30년 일하신 분들에 비하면 짧다고 할 수도 있지만, 한 분야에서 9년 동안 일한 경력은 절대로 무시할 수 없다. 그런데 기준을 30년으로 잡고 비교하면 9년이라는 시간은 짧게 느껴질 수도 있겠다 싶었다.
"왜 본인이 실패했다고 생각하세요?"

"저는 여러 가지 일들을 해봤는데, 그 일들이 잘 되지 않았거든요."

"그러면 그때 왜 실패했는지 그 이유를 여러 가지 아시겠네요. 안 되는 이유를 아셨고, 그런 경험이 있으니까 그런 경험을 나눠주는 일을 하셔도 좋을 것 같아요. 성신제 님은 피자헛으로 우리나라의 외식 문화를 바꿀 만큼 큰 성공을 하셨지만, 그 이후의 사업은 성공하지 못하셨어요. 하지만 지금도 도전하면서 살고 계시고, 자신의 실패담을 강연을 통해 말씀해주시면서 사람들에게 도움을 주는 일을 하고 계신답니다. 자신의 실패 경험이 누군가에게는 도움이 된다는 것만으로도 얼마나 대단해요!!"

내가 보기엔 너무나도 대단한 사람이었다. 자신이 해야겠다고 생각하는 것은 바로 도전하는 사람. 물론 다 좋은 결과를 얻은 것은 아니었지만, 실패를 통해서도 분명 많은 것을 배웠으리라 생각된다. 그리고 그럼에도 불구하고 누군가를 돕고 싶다는 생각을 한다는 것만으로도 충분히 대단하고 괜찮은 사람이다. 하지만 본인만 모른다. 본인이 얼마나 대단한 사람인지.

이 글을 읽는 독자들도 꼭 한번 생각해보길 바란다. 당신이 얼마나 대단한 사람인지, 그리고 당신의 존재만으로도 충분히 사랑받을 만한 사람이라는 것, 그래서 어떤 모습으로 있든 지금 그 모습으로 충분히 아름답고 멋지게 보일 수 있다는 것을 알기 바란다.

☆ 쉽게 가려고 하지 말자

쉽게 가려고 한다는 것은 다른 게 아니다. 생각하지 않고 그냥 남들이 가는 대로 따라가는 걸 말한다. 앞에서도 수없이 말했다. 진짜 자신이 하고 싶은 일을 생각해보라는 것. 내가 왜 사는지 생각해보고, 나는 어떤 사람으로 기억되고 싶은가를 생각해보라는 질문들을 많이 던졌다. 질문을 하는 이유는 그만큼 중요한 것이기 때문에 꼭 한번 생각해보라는 것이다.

생각하지 않으면 사는 대로 생각하게 된다. 나는 이 말이 가장 무섭다. 내가 원하는 대로 내가 생각하는 대로 살려면 내가 무엇을 원하는지 무엇을 하고 싶어 하는지 알아야 한다. 남들 하는 것 보고 돈이 되는 것 같아서 시작했다가 망하는 사람들을 정말로 많이 봤다. 아마 가장 흔한 예가 치킨집이 아닌가 싶다.

50대 중반에 은퇴를 하고 나면 잠시 쉬면서 그동안 열심히 달려온 자기 자신에게 상을 주듯 여유를 만끽한다. 그렇게 두어 달 지나면 슬슬 앞으로 살아가야 할 미래에 대해 걱정이 된다. 아직 결혼하지 않은 자녀들의 뒷받침도 해줘야 할 것 같고, 생각보다 오래 산다고 하는 자신의 미래도 걱정이 된다. 그래서 쉽게 시작할 수 있는 프랜차이즈 치킨집을 생각하는 은퇴자들이 많다. 옆에서 보니 그렇게 어려울 것 같지도 않고, 사람들은 무슨 일이 있을 때마다 치킨을 자주 사먹는 것 같다.

알바생 몇 명 두고 사장이 카운터를 맡아서 한다면 해볼 만해 보인다. 그래서 프랜차이즈에 가입하고 설명회도 듣고 교육도 받으면서 지점 한 개를 오픈한다. 그런데 현실은 전혀 다르다. 내 가게에서 몇 발자국 떨어져 있지 않는 곳에 치킨집이 있고, 계속 새로운 치킨집들이 생겨나고 있다. 우리나라에 이렇게 많은 치킨 프랜차이즈가 있을까 하는 생각이 들 정도로 치킨집들이 생겨나고 있다. 그리고 사람들은 의외로 치킨을 많이 사먹지 않는다. 내가 오픈하기 전에는 그렇게 많이 사먹는 것 같더니 현실은 그렇지 않았다.

이러한 현실에 눈을 뜨게 되는 사례는 정말 많다.

이 얘기는 사실 가까운 지인의 사례다. 정확히 말하면 40대에 조기 은퇴한 지인 남편의 이야기다. 우리나라에 조류독감이 이렇게 많은 줄 그때 알았다고 한다. 조류독감이 성행하니 닭고기를 먹으면 안 된다는 뉴스가 방송에 그렇게 자주 나오는지도 처음 알았다고 한다. 그리고 가게를 오픈해보니 동네에 치킨집이 왜 이렇게 많이 있는지… 자기도 나름 고민하고 고민해서 결정한 건데, 막상 내 돈이 들어가고 나니 현실이 정확히 눈에 보였다고 한다. 분명 예전에도 있었던 가게인데 왜 그때는 보이지 않았던 것일까?

결국 지인의 남편은 1년도 못 돼서 퇴직금을 모두 날린 후에 가게를 접었다. 그리고 다시는 치킨을 쳐다보지도 않게 되었다는 슬픈 소식을 전해주었다.

아이도 셋이나 되고, 학교도 다 졸업하지 않는 아이들이라 앞으로 돈이 더 많이 들어갈 것이다. 이런 경제적 사정을 살펴보지도 않고 일을 저지른 건 아니다. 나름 충분히 고민했다고 생각했고, 조사도 열심히 했다고 생각했는데, 지금 와서 생각해보면 그때 무언가에 씌인 듯한 느낌이 든다고 했다. 프랜차이즈 설명회에 다녀와서 다른 사람들의 성공사례를 들으면서 '나도 그렇게 될 수 있다'는 생각이 들었고 그런 생각이 자신의 판단을 흐리게 만든 것 같다는 이야기를 했다.

정말 지인이 운이 나빴을 수도 있다. 하필 그때 조류독감이 터졌기 때문에 더 큰 영향을 받았으니까. 하지만 진짜 그들의 실수는 자기 자신을 돌아보지 않고 다른 사람들의 말만 믿었던 것이다. 앞으로 제2의 인생은 어떻게 살아야겠다는 계획도 없이 그냥 남들 하는 것 보고 조금은 쉽게 가려고 했던 것이 오히려 크게 돌아가게 만들었다. 수업료라 생각할 수 있지만 너무나도 비싼 수업료를 치렀다.

이러한 사례는 뉴스에 나오는 남의 이야기나 주변 지인의 이야기가 아닌, 내 이야기가 될 수도 있다. 치킨집이 아니라 다른 업종으로 나의 이야기가 될 수 있다는 것이다.
절대로 쉽게 가지 말자. 프랜차이즈를 시작하는 게 나쁘다는 이야기가 절대 아니다. 내 생각 없이 다른 사람의 생각만 가지고 판단했다는 것, 그리고 쉽게 그 길을 가려고 했던 것이 잘못된 판단이었다는 것을 말하고 싶은 것이다.

쉬운 길, 넓은 길은 누구라도 선택하는 곳이다. 예수님은 우리에게 좁은 길로 가라고 하셨다. 좁은 길 좁은 문은 자기 자신을 낮출 수밖에 없고, 오로지 그 길만 생각하며 갈 수밖에 없는 곳이다. 왜 그런 길을 선택하라 하는지 곰곰이 생각해볼 필요가 있다. 지금 당신이 가는 길이 편하게 느껴지고 있는지 물어보고 싶다. 만약 편하다면 당신은 지금 내리막길을 걸어가고 있을지도 모른다는 사실을 잊지 말기 바란다.

☆ 진짜 두려움은
아무것도 하지 않는 것이다

시작할 때 망설여진다. 어쩌면 당연한 것일지도 모른다. 다시 시작한다는 것은 이미 한 번 이상의 경험이 있다는 것. 아파본 사람만이 그 아픔을 안다. 그래서 그 아픈 경험들이 머뭇거리게 한다. 다친 곳을 또 다칠 수 있다. 그래서 용기가 필요하다. 아픈 것을 안 아프다고 할 수도 없고, 이젠 어른이고 경험자이기 때문에 눈물을 흘려서도 안 될 것 같다. 그렇기 때문에 더더욱 시작이 어렵다. 그런데 진짜 두려움은 이런 것 때문에 아무것도 시작하지 않는다는 것이다. 이미 머릿속에서 수많은 성들을 짓고 부수고를 반복하다가 결국에는 시도조차 하지 못하게 되는 것이다.

기독교 신자인 나는 하나님이 다 주관하고 내 인생의 계획도 내가 태어나기 전부터 다 세워 놓으셨다고 배웠다. 나 또한 그렇게 믿는다. 그리고 하나님이 나를 정말로 사랑하신다는 것도 믿는다. 하지만 그렇다고 가만히 있어도 그 계획대로 다 이루어진다는 것은 아니다. 하나님이 나에게 생각도 주셨고 달란트도 주셨다. 그것을 그냥 땅에 묻어놓는 행위를 하면 절대 안 된다. 하나님도 내가 멈춰 있기를 원하시는 분이 아니다. 오히려 내가 가진 재능을 가지고 배로 불려서 다른 사람들을 위해 사용하기를 바라실 것이다. 내가 애벌레 상태에서 멈춰 있는 것이 아니라 하나님이 계획해 놓은 멋진 나비가 되기를 나보다 더 간절히 바라는 분이실 거라는 믿음이 있다.

당신은 당신이 생각한 것보다 훨씬 더 멋진 사람이 될 수 있다. 그것이 바로 하나님이 당신을 만드시기 전부터 그렇게 계획해 놓은 것이다. 그런데 우리는 자꾸 짧은 지식과 생각으로 자기 자신을 판단하고 만다. 나는 그렇게 할 수 없는 사람이라고… 나의 환경이 나를 그렇게 만들지 못하게 한다고… 나는 돈이 없어서 도전할 수 없다고 한다.
반대로 생각해보자. 나의 자녀가 자기 스스로를 할 수 없는 사람, 환경 때문에 돈 때문에 할 수 없는 사람이라는 생각을 가지고 있다면, 부모인 나는 정말로 속상할 것 같다. 창조주도 당신에 대해서 똑같은 생각을 가지고 있을 것이다.

여섯 살인 딸아이는 주변 어른들에게 "너는 커서 뭐가 되고 싶니?" 라는 질문을 받곤 한다. 아이는 한참을 고민하다가 지금 현재 하고 있는 것 중에서 가장 재미있는 걸 말하는 것 같다. 발레 배우는 것을 좋아해서 그 시간을 기다리는 아이다. 만들고 그리는 것을 좋아해서 요리하는 것도 좋아하고, 엄마랑 쿠키를 굽는 것을 매우 좋아한다.

"엄마, 나는 하고 싶은 게 너무 많아서 고민이 돼. 그냥 발레하는 요리사 할까?"

나는 이렇게 답해줬다.

"괜찮아. 지금 정하지 않아도 돼. 그리고 하고 싶은 게 너무 많아서 정하기 어려운 건 좋은 거야. 더 많이 해보고 더 경험도 많이 해본 다음에 그때 가서 결정해도 늦지 않아. 엄마는 너 하고 싶은 거 했으면 좋겠어. 네가 좋아하는 일을 찾아서 네가 결정해야 그 일을 더 잘할 수 있거든. 엄마는 네가 행복하다면 어떤 일을 하든 상관없어."

아이가 듣고 있다가 내게 질문했다.

"엄마! 엄마는 커서 뭐가 되고 싶어?"

순간 당황스러웠다. 나에게 꿈을 물어봐준 것에 대한 당황도 있었고, 지금 여기서 더 클 수 있다는 생각을 해보지 않아서 그랬을지도 모른다. 그래서 그냥 "너는 엄마가 뭐가 됐으면 좋겠니?"라고 물어봤다. 아이는 당돌하게 답해주었다.

"엄마! 엄마는 나한테는 하고 싶은 거 하라고 하면서 엄마는 왜 그래? 괜찮아. 지금 정하지 않아도 돼. 그냥 엄마가 하고 싶은 거 하면서 그때 가서 결정해도 늦지 않아. 나도 엄마가 하고 싶은 거 했으면 좋겠어. 엄마가 행복하다면 어떤 일을 해도 상관없어."

아이는 내가 아이에게 해줬던 말을 그대로 내게 해줬다.

하나님은 가끔 내게 해주시고 싶은 말을 아이를 통해서 전해주시는 것 같다. 아이의 말을 듣고, 하나님이 내 마음을 아시고 아이를 통해서 해주신 건 아닌가 하는 생각이 들었다.

"여나야. 괜찮아. 지금 뭔가 하려고 정하지 않아도 돼. 그냥 네가 하고 싶은 거 하면서 네가 행복하게 살았으면 좋겠다" 라며 따뜻하게 안아주시는 느낌이 들었다.

뭔가 너무 잘하려고 온몸에 힘을 주면서 버티고 있다면 그러지 않아도 괜찮다고 말해주고 싶다. 잘하려고 하는 마음이 나를 굳게 만든다. 하다가 넘어질 수도 있다. 이미 아파본 사람이기 때문에 두렵긴 하지만, 그래도 아파본 사람이라 그 아픔이 곧 사라질 거라는 것도 안다. 진짜 두려움은 아무것도 하지 않는 것이다. 아무도 당신이 그러고 있는 것을 원하지 않는다. 자빠질 마음으로 한 번 시원하게 넘어져 보기도 하고 또 일어서 걷다 보면 언젠가 내가 원하는 길에서 자유롭게 날고 있는 나비가 되어 있을 것이다.

☆ 돈보다 가치,
가치보다 먹고사니즘

내가 하고 싶은 일을 찾는 것도 중요하지만 어쩌면 가장 중요한 것은 지금 당장 내가 먹고 사는 일이다. 아이까지 있는 사람들이 자신의 꿈을 좇기 위해서 모든 것을 내려놓는다는 것은 무책임한 행동이다. 그것을 아름답다고 봐줄 수 있는 사람이 얼마나 될지 모르겠다. 열정이 대단하다고 말할 수도 있지만, 그것이 진정한 대단함인지 빈정거림인지 본인은 알 것이다.

많은 책에서 돈보다 가치를 찾으라는 말을 한다. 나도 그 말에 동의한다. 단 한 가지 단서가 붙는다면 기본적인 먹고사니즘이 해결된다면 말이다. 돈을 선택하게 되면 내가 생각했던 돈을 벌게 된 다음에는 허무함이 느껴진다. 내가 이걸 벌려고 이렇게까지 노력했나?

돈이 주는 기쁨은 오래가지 못한다. 너무나도 잠시라서 정말로 허망해진다.

인기를 좇는 사람은 어떨까? 인기도 마찬가지다. 인기는 다들 거품이라고 한다. 거품이 사라지면 그 허무함에 자살하는 사람도 생겨난다. 그러면 우리는 정말 무엇을 위해서 살아야 할까? 돈과 인기도 좋지만 더 나은 세상을 위해 나는 과연 무엇을 남기고 떠날 것인가? 삶에는 분명 돈과 인기 이상의 것이 있다고 많은 사람들이 이야기를 하고 있다.

그래서 사람들은 가치를 좇으라고 한다. 가치를 좇는 사람은 도중에 포기하지 않는다고. 지금 내가 가는 길이 잘못되었다고 하더라도 그 가치가 나를 다시 일으켜준다고 한다. 정말 맞는 말이다. 다시 생각해봐도 돈보다는 가치를 좇는 것이 맞다.

그러나 나는 다시 시작하는 사람이라면 자기 자신에 있어서 조금 더 솔직해져야 한다고 생각한다. 지금 내 상황을 바르게 볼 줄 알아야 한다. 나는 지금 꿈을 좇는 것이 아니라 현실에 부딪치며 살아야 할 수도 있다. 다시 시작할 때 꿈만 꾸면 안 된다. 돈 문제, 가족과 관련된 문제, 장기적 목표 등 현실적인 문제들에 대해 솔직하게 마주해야 한다. 그리고 어떻게든 되겠지, 열심히 하면 될 거야, 라는 막연한 희망을 가지고 자신의 미래를 걸면 절대로 안 된다.

다시 시작하기 위한 현실적인 문제에 솔직하게 답해보자.

- 나의 경제적 상황은 어떠한가?
- 앞으로 내게 필요한 돈은 얼마인가?
- 돈이 충분하지 않는다면 나는 그것을 해결하기 위하여 어떤 일을 할 수 있나?
- 나는 어떤 삶을 살기를 원하는가?
- 기본적으로 먹고 살기 위하여 나는 어떤 준비를 해놓았는가?

슬픈 이야기지만 현실은 현실이다. 내 아이가 지금 굶고 있는데 자신의 꿈을 좇는 부모는 없다. 요즘 세상에 굶기까지는 않는다 하더라도 아이를 낳은 이상 아이에게 책임의식을 느껴야 한다. 꼭 최대로 잘해주지 않아도 된다. 최소한 엄마로서의 도리, 부모로서의 도리를 한다고 생각하며 위의 질문에 정직하게 대답해보기를 바란다.

그리고도 모든 질문에 YES라는 답변이 나오면 아니, 나올 수 있다면 그때 가서 자신의 꿈을 다시 꿔봐도 괜찮다. 우린 오래 살 것이므로 단기간에 뭘 완성하려고 하지 않아도 괜찮다. 조금 천천히 가더라도 의무와 도리를 하고 갔으면 한다. 다시 시작하고 싶다면, 현실을 바로 보는 연습부터 해보자!

나를 상품으로 팔지 말자

어느 날, 장로님이 내게 질문하셨다.

"상품과 작품의 차이가 무엇인지 아십니까?"

"상품은 이익을 위해서 만들어내는 것이고, 작품은 예술성을 위해서 만드는 것이 아닐까요? 그리고 상품은 잘 포장해야 하지만, 작품을 굳이 포장하지 않아도 그 자체로 인정받는 것 같습니다."

"맞습니다. 여나 씨 이야기가 다 맞아요. 하지만 하나가 더 있어요. 상품은 찍어내는 것이고 작품은 세상에 하나밖에 없는 것이죠. 여나 씨는 하나님이 만드신 이 세상에 하나밖에 없는 작품입니다. 그러니까 그 작품을 작품답게, 세상의 이익을 위해서 살지 말고, 그 작품의 가치를 위해서 사세요. 말씀하셨듯이 작품은 굳이 포장하지 않아도 됩니다. 여나 씨 그대로 가치 있는 사람으로 인정받고 있으니까 하나님의 작품답게 삶을 살아가세요."

내가 한창 나 자신을 저평가하고 있을 때 장로님께서 해주신 말씀이다. 아이를 낳고 키우면서 내가 경력단절을 겪게 될 거라곤 상상하지도 못했다. 하지만 모든 상황이 나를 그렇게 만들었다. 처음 몇 년간은 나에게 주는 '안식년'이라 생각하며 잘 지냈다. 하지만 안식년이 길어지면 길어질수록 나 자신이 낮게 느껴지고, 점점 아무것도 할 수 없는 사람이 되어갔다.

아무도 내게 뭐라고 하는 사람은 없었다. 그런데 가끔은 그것조차 서럽게 느껴졌다. 그건 바로 내가 나 자신을 작품이라 생각하지 않고 상품이라 생각했기 때문이다. 내가 상품이라 생각하면 나는 팔려야 내 값어치를 하는 것이다. 그러려면 누군가에게 잘 보여야만 했고, 나의 상품성을 인정받아야 했다.

하지만 내가 작품이라고 나를 생각하는 순간, 나는 그런 시선에서 벗어날 수 있다. 나는 세상에 하나밖에 없는 작품이다. 작품은 작품 그대로 인정받기 때문에 화려한 포장지가 필요하지 않다. 그냥 그 자체로 작품이 되기 때문이다. 이 단순한 진리만 알아도 살아가는데 정말 도움이 많이 된다.

나는 이 진리를 많은 사람들이 깨달았으면 좋겠다. 우리는 상품이 아니라 작품이다. 한 인간을 양육하는 행위는 상품으로 절대 할 수가 없다. 양육은 그 자체로 작품이 되어야 한다. 한 사람의 고귀한 인품을 가진 사람으로 작품이 되어야 한다. 결혼 전에는 누구나 다 이런 생각을 한다. 당당했고, 삶에 대해서 두려움이 없었다. 뭐든 할 수 있을 것 같고 세상이 다 나를 기준으로 돌아가는 것 같았다.

그런데 결혼하고 아이를 낳은 후 세상의 중심이 옮겨간다. 나에게서 가정으로 그리고 아이에게로 세상의 중심이 옮겨졌다. 그리고 나는 작품이 아니라 상품이 되어갔다. 빨리 좋은 상품이 되어서 팔리기만을 기다리며 진열장으로 들어갔다. 그러다 진열장에 있는 시간이 길어지면 길어질수록 스스로 쓸데없는 상품으로 전락해버리는 것이다.

모든 것은 마음먹으면서부터 시작된다. 내가 나를 상품으로 여기는 순간 나는 정말 상품이 되고 내가 나를 작품으로 여기는 순간 나는 작품이 된다.

나는 깨달음을 얻고 그때부터 나 자신을 작품으로 대했다. 그전에는 "할 수 없을 거야!" 라는 말부터 나왔는데 이제는 "왠지 할 수 있을 거 같아" 라는 쓸데없는 자신감까지도 나온같다.

나 자신을 보기 좋은 포장지로 감싸려고 하면 너무 피곤해진다. 그냥 부족한 나를 인정하기로 했다. 부족하기 때문에 더 배우려고 노력하고, 나의 진짜 모습과 마주하기 위해 노력했다.

그 진리를 깨닫는 순간, 나는 진열장에서 나왔다. 그리고 내 작품에 맞는 가치를 찾으려고 한 것이다. 나의 가치는 나와 같은 사람들, 나처럼 힘든 시기를 보내고 있는 사람들에게 조금이나마 힘이 되고 싶은 곳에 나의 가치를 쏟아 붓고 싶고, 그 길에서 인정받고 싶었다.

내 작품이 어디에 걸리게 될지는 나도 잘 모르겠다. 나는 아직도 그곳을 찾고 있는 중인지도 모르겠다. 하지만 상품으로 살 때보다 훨씬 더 편안해진 마음으로 살고 있다.

남들의 눈을 의식하는 것이 아니라, 나를 의식하게 되었다. 내가 무엇을 좋아하고, 내가 어떨 때 가치를 느끼며 행복해하는지, 나의 가치를 찾으려는 의식 속에서 내 일을 만들어가게 된 것이다. 작품이 되는 순간 나는 행복하다. 세상의 이익은 만들어내지 못하고 있지만, 내 안에서 기쁨을 만들어내고 있다. 열정을 쏟을 것이 생기고 어떻게 하면 더 잘할 수 있을지 행복한 고민을 하기도 한다.

나는 나의 가치를 잘 몰랐다. 그저 회사 사람으로서 살며 그런 게 행복인 줄 알았고, 사회에서 인정받으면 잘 사는 거라고 생각했다. 따박따박 들어오는 마약과 같은 급여가 좋았고, 그 돈으로 나를 위해 사용하는 것이 좋았다. 가끔 내가 갖고 싶은 비싼 가방을 살 수도 있고, 내가 원하는 해외여행도 다니면서 나의 허전함을 채워줄 뭔가가 있다는 것이 행복하다고 느끼면서 사는 것이 나쁘지 않다고 생각했다.
아마 지금도 이렇게 생각하고 있는 사람들이 정말 많을 것이다. 상품으로 살아야 잘 사는 줄 안다. 사회에서 그렇게 배웠다. 그렇게 살아도 불편하지 않다.

하지만 작품으로 한번 살아보라. 다시는 상품으로 돌아가고 싶지 않을 것이다. 정말로 사람들에게 진지하게 물어보고 싶은 질문이다.

"당신은 상품입니까? 작품입니까?"

☆ 흔들리지 않으려 흔들린다

당신이 무엇을 하건 당신의 시작을 방해하는 누군가가 있다. 옆에서 참견하기 좋아하는 사람, 남의 인생에 개입하기 좋아하는 사람들이 꼭 있다. 나를 책임지는 사람도 아니면서 말이다. 이런 사람들의 말은 그냥 무시하면 되는데 또 꼭 이런 말을 듣고 그 사람에게 자신의 인생을 맡기는 사람들도 있다. 어쩌면 가장 위험한 행위인지도 모르겠다.

나에게도 그런 사람들이 있다. 하지만 방해꾼이라고 하기엔 내가 너무나도 사랑하는 사람들이다. 가족, 사랑한다는 이유로 내 삶에 개입한다.
"왜 이렇게 힘들게 살아?"
"그냥 좀 편하게 살면 되지 않아?"

"그거 돈은 좀 되니?"

물론 나를 위해, 나를 생각해서 하는 잔소리라는 것을 다 안다.

가족이니까… 사랑하기 때문에… 내가 조금 더 편안하게 살기를 원하는 사람들이기 때문에….

그런데 이런 말을 들을 때마다 흔들리곤 한다.

'내가 지금 가려고 하는 길이 맞는 것일까?'

'나 지금 잘하고 있는 것일까?'

'이대로 가도 되는 것일까?'

40대에도 나는 계속 흔들린다. 중심잡고 있다가도 그 흔들림에 흔들리게 된다. 함민복 선생님의 '흔들린다' 라는 시를 보면 이런 구절이 있다.

> 나무는 최선을 다해 중심을 잡고 있었구나
> 가지 하나 이파리 하나하나까지
> 흔들리지 않으려 흔들렸었구나
> 흔들림의 중심에 나무는 서 있었구나
> 그늘을 다스리는 일도 숨을 쉬는 일도

결혼하고 자식을 낳고 직장을 옮기는 일도
다
흔들리지 않으려 흔들리고
흔들려 흔들리지 않으려고
가지 뻗고 이파리 틔우는 일이었구나

흔들리지 않으려 흔들리고, 흔들려 흔들리지 않으려고 가지 뻗고 이파리 틔우는 일을 나무가 하고 있었다. 누군가 내 삶을 흔들려고 할 때, 혹은 어떤 상황들이 나를 흔들려고 할 때, 나는 흔들리지 않으려고 버티는 것이 아니라 그 흔들림에 맞춰 흔들려지는 것이 어쩌면 너무나도 당연한 일인 것이다.

왜 나는 자꾸 흔들리지? 라고 자신을 탓하는 것이 아니라, 흔들릴 땐 흔들리면 된다는 것을 이 시가 가르쳐줬다. 그리고 자꾸 괜찮다고 위로해주는 느낌을 받았다. 그리고 그렇게 흔들릴 때 나무가 그랬던 것처럼 흔들리지 않으려고 가지 뻗고 이파리 틔우는 일을 하면 된다는 것도 가르쳐줬다. 흔들릴 때 멈추고 버티는 것이 아니라, 그래도 나아가는 것이다.

요즘 나는 많은 생각을 한다. 누군가 나를 이렇게 흔들 때마다, 상황이 나를 멈추게 할 때마다 이것을 어떻게 받아들이면 되는 것일까 생각하게 된다. 그전 같았으면 많이 힘들었을 것이다. 나를 흔든 사람들을 미워했고, 그런 상황들 때문에 아파했다. 그런데 이제는 최소한 미워하고 아파하지 않는다.

어떤 상황에 부딪쳤을 때, 그것을 포기하라는 말이 아니기 때문이다. 내가 가는 길이 다 옳고 바른 길이 아닐 수도 있다. 우선 그것을 인정하는 것도 필요하다. 지금 가려고 하는 길이 아니니 조금 더 멀리 가더라도 돌아가라는 신의 신호일 수도 있다. 어쩌면 속도를 늦춰야 한다거나, 다른 차에게 양보하라는 신호일 수도 있다.

시간을 들여서 다시 차량을 재정비하고 목적지를 바꾸는 것이 아니라 방향을 바꿔서 다시 출발하면 된다. 나무가 그랬듯이 사람도 계속 삶의 가지를 뻗고 이파리를 틔우려 하면 된다. 이럴 때 당신의 과거가 "너는 지금까지 잘해온 일이 없잖아" "너는 항상 포기하는 사람이었잖아" "너는 해도 안 되는 사람이야"

라고 말할지도 모른다. 하지만 당신의 미래는 당신에게 당신의 과거를 뒤집을 수 있는 기회를 준다.

당신의 삶에 기회를 주었으면 한다. 세상에서 가장 큰 선물은 '자기 자신에게 기회를 주는 삶'이다.

나는 내가 생각하는 것보다
더 많은 것을 할 수 있다

시작이라는 단어는 항상 나를 멈칫하게 한다. 이제 그 정도 했으면 익숙해질 만도 한데 익숙이라는 단어를 떠올리기 전에 항상 아픔이라는 단어가 먼저 생각나는 이유는 무엇일까? 아마도 시작이라고 하면 성공으로 이어졌던 것보다 실패로 이어진 결과가 더 많아서 그럴 것이다.

나는 수백 번 도전해서 수백 번 떨어져본 사람이다. 왜 나는 무모한 도전들을 매번 하는 것일까? 그냥 주어진 상황에 만족하며 살 수는 없는 것일까?

누군가에게는 참 힘들게 사는 사람으로 보일 수도 있다. 그런데 나는 그저 재미있게 사는 사람이다. 나는 도전을 통해서 내 삶을 재미있게 만들어 나가고 있다. 삶은 내 뜻대로 되지 않는다. 내 뜻대로 다 되었다면 좋았을 수도 있겠지만, 지금 내 모습은 내가 뜻했던 대로 되지 않아서 만들어진 결과물이다. 그런데 그게 더 좋은 결과라는 것을, 도전해보고 또 실패해보고 알게 되었다. 아이러니하게도 말이다.

만약 내 뜻대로 되었다면 나는 아직도 회사에서 워킹맘으로 일하고 있을 것이다. 하지만 내 뜻대로 되지 않았기에, 나는 작가가 될 수 있었고, 강의를 하는 강사도 될 수 있었다. 여성벤처에 도전해서 여성 CEO도 되었고, 라디오를 진행하는 라디오 DJ와 내 일을 기획해서 만들어가는 기획자가 되었다. 그리고 이번에는 어떤 일을 재미있게 해볼까? 라는 설렘은 보너스로 갖게 되었다.

어떤 때는 혼자서 일하다가 동료들을 만나 재미있게 일을 꾸며 나가기도 한다. 함께 책을 쓰고 기획을 하고 북콘서트를 준비하기도 한다. 그리고 내가 원하는 교육을 받으면서 나는 지금 계속 성장하는 중이다.

내 뜻대로 되지 않았기에 얼마나 감사한지 모른다. 만약 예전 같았으면 내가 계획한 대로 되지 않았다고 많이 속상했을 것이다. 하지만 이제는 잘못되면 잘못된 대로 그 안에서 새로운 기대를 하게 된다. 이번에는 또 어떤 일로 연결이 될까? 늘 일이라는 것은 내가 상상했던 것보다 재미있게 진행되어 간다. 그래서 나는 떨어졌음에도 불구하고 항상 감사하게 생각할 수 있게 되었다. 그래서 나는 항상 웃을 수 있고, 내일을 기대할 수 있는 행복한 사람이다.

어떻게 내가 이렇게 할 수 있게 된 것일까? 불과 몇 년 전만 해도 나는 '어떻게 살아야 하나' '내 인생은 왜 이럴까?' 하며 초조함과 불안함의 연속선상에 있었다. 그랬던 내가 지금 전혀 다른 모습이 된 건 내 삶의 이유를 찾았기 때문이다. '나는 누구인가' 하는 존재의 의미에서 '무엇을 위해 살아야 하는가' 하는 목적을 찾았고, '어디로 가야 할지' 그 방향을 알기 때문에 흔들림 없이 갈 수 있었다.

때로는 내가 가는 길이 보이지 않아 두리번거릴 때도 있지만 마음은 전처럼 초조하거나 불안하지 않다. 그냥 그 과정을 파도타기 하듯 즐기고 있는 나를 보며 어느 날은 깜짝 놀라기도 한다. 내가 이렇게 강한 사람이었나?

그만큼 사람들은 자기 자신을 잘 모르는 것 같다. 늘 '할 수 없어' '나는 안 돼' 라는 말을 입에 달고 살았기 때문에 자신도 모르게 그렇게 돼버린 것이다. 항상 안 되는 이유만 찾고, 안 될 수밖에 없는 상황만 탓한다. 그런데 그런 상황들을 자세히 살펴보면 분명 뚫고 나올 부분이 보인다. 그냥 주저앉아서 울기만 해서는 안 되고 나의 상황들을 정확히 바라보았더니 길이 보였다. 그러면서 내가 내 상황을 통제하게 되고, 나는 점점 나의 길을 찾을 수 있게 되었다.

아직도 나는 경력단절 여성들이나 다시 제2의 인생을 준비하고 계시는 분들께 똑같은 질문을 많이 받는다.
"무엇을 어떻게 시작해야 할지 모르겠어요."
나 또한 그런 경험을 해봤던 사람이기에 그분들의 마음을 충분히 공감한다. 깜깜하게만 보이는 내 미래에 한숨만 나왔던 적이 있었기 때문이다. 그 깜깜했던 통로를 걸어 나왔더니 밝은 빛으로 인도되었다. 밝은 빛 속에서 내 모습을 자세히 보게 되었다. 그리고 삶에 대해서 처음으로 다시 생각하게 된 것이다.

나의 이런 생각을 도와주신 분이 계신다. 명륜중앙교회에서 나에게 성경을 가르쳐주시는 송기정 장로님과 함께 공부하고 있는 박재호 집사님께 늘 감사한 마음을 가지고 있다. 두 분 덕분에 나는 2년 넘게 공부하고 있으며 이제는 3년차가 되어간다. 성경공부를 통해서 나는 많은 것을 얻게 되었다. 나 자신에 대해서 알게 되었고, 어떻게 살아야 하는지 삶에 방식에 대해서 알게 되었다. 늘 두려움과 패배감에 둘러 쌓여 있던 나에게 말씀을 통해서 살아가게 해주셨다. 이 책을 쓰면서도 나는 빌립보서 4장 13절의 말씀을 계속 붙들 수밖에 없었다.
"내게 능력주시는 자 안에서 내가 모든 것을 할 수 있느니라."

아직도 '나는 할 수 없어' 라는 마음이 들 때가 많다. 그럴 때면 빌립보서 4장 13절의 말씀을 떠올리며, 나는 할 수 없지만 내게 능력 주시는 자 안에서 나는 할 수 있어! 라는 마음을 갖고 시작한다. 이런 마음으로 시작했는데 되돌아보니 나는 내가 생각했던 것보다 많은 일들을 해냈다. 그리고 이제는 시작하려는 사람들을 돕는 일을 하고 있다. 나는 그분들께 늘 말한다. 당신은 당신이 생각하는 것보다 더 많은 것을 할 수 있는 사람이라고… 그런 믿음으로 시작해보라고….

그러면 그 믿음이 말하는 대로, 생각하는 대로 당신을 인도해줄 것이다. 설령 그 길이 당신이 원했던 그 길이 아니어도 전혀 다른 길을 가게 되더라도 그 길 안에서 콧노래를 부를 수 있게 될 것이다. 그런 믿음에는 늘 감사가 따른다. 그리고 그 감사는 나를 행복한 사람으로 만들어준다. 결국 우리가 일을 하는 가장 큰 이유는 행복을 찾기 위해서 아닐까?

나를 행복의 길로 인도해주신 하나님께 이 모든 영광을 돌린다. 지극히 작은 나에게도 이런 삶의 기쁨을 만끽하게 해주셔서 너무나도 감사하다. 지금 나는 새벽까지 잠을 자지 않고 글을 쓰고 있지만 그래도 기쁘고 행복하다.
나는 나의 내일이 아직도 기대가 된다. 아침에 눈뜨는 것에 감사하다. 삶은 내게 주어진 선물이기 때문이다.

이 글을 읽는 당신에게도 삶이 선물로 다가오길 바란다. 때로는 내가 원하지 않는 선물을 받게 되더라도 주는 사람의 성의를 생각해서 늘 감사하는 마음으로 선물을 받기를 희망한다. 언젠가 그 감사의 선물이 당신에게 꼭 필요한 선물이 될 것임을 나는 믿는다.